种业振兴与创新

王静　徐铁山　赵志常　主编

广东科技出版社
全国优秀出版社
·广州·

图书在版编目（CIP）数据

种业振兴与创新/王静，徐铁山，赵志常主编．—广州：广东科技出版社，2023.3

ISBN 978-7-5359-8039-7

Ⅰ．①种… Ⅱ．①王…②徐…③赵 Ⅲ．①种子—农业产业—产业发展—研究—广东 Ⅳ．①F326.1

中国国家版本馆CIP数据核字（2023）第001219号

种业振兴与创新
Zhongye Zhenxing yu Chuangxin

出 版 人：	严奉强
责任编辑：	尉义明
封面设计：	张贤良
责任校对：	李云柯　廖婷婷
责任印制：	彭海波
出版发行：	广东科技出版社
	（广州市环市东路水荫路11号　邮政编码：510075）
销售热线：	020-37607413
	https://www.gdstp.com.cn
E-mail：	gdkjbw@nfcb.com.cn
经　　销：	广东新华发行集团股份有限公司
排　　版：	创溢文化
印　　刷：	广州市彩源印刷有限公司
	（广州市黄埔区百合三路8号　邮政编码：510700）
规　　格：	787 mm×1 092 mm　1/16　印张8.25　字数200千
版　　次：	2023年3月第1版
	2023年3月第1次印刷
定　　价：	88.00元

如发现因印装质量问题影响阅读，请与广东科技出版社印制室联系调换（电话：020-37607272）。

《种业振兴与创新》编委会

主　编：王　静　徐铁山　赵志常
副主编：巩　华　冯恩友　林秋云　王媛媛
编　委：（按姓氏音序排列）
　　　　陈总会　杜　曲　冯恩友　高爱平　巩　华
　　　　胡会刚　黄建峰　林秋云　罗睿雄　苗红霞
　　　　庞雅丽　秦于玲　王　健　王　静　王媛媛
　　　　魏永赞　徐铁山　于太勇　赵长臣　赵志常

前言

"十四五"时期我国种业已踏上新的征程。这一时期,我国种业在跨机构跨领域的学术交流与互鉴、种业研究所涉及学科的广度与多元化程度等方面得到很大提升。习近平总书记曾强调"保障粮食安全,重点在于藏粮于地、藏粮于技"。党的十八大以来,我国种业科技和产业发展虽然取得了明显成效,但从全球来看,与国际先进水平相比仍存在弱项短板;从国内来看,人民对农产品多样化的需求日益增长,解决这些弱项短板和满足人民美好生活愿望离不开优质的种质资源,因而加强优质种质资源培育技术的研究迫在眉睫。

农作物的产量很大程度上依赖于生产这些作物的种子和种苗的质量,而种子和种苗的质量很大程度上是由种子发育到成熟过程中自身基因与环境间复杂的相互作用产生的结果。种子是农业发展的"芯片"。种业处于整个农业产业链的源头,是建设现代农业的标志性、先导性工程,也是国家战略性、基础性核心工程。

为落实2022年中央一号文件对全面实施种业振兴行动的具体部署,本书从种质资源概况、种质资源创新技术、国家种质资源圃、动植物资源、水产资源等方面系统介绍了种业的基本情况、技术创新，梳理了种业技术发展历程，特别是种业科技前沿技术，涉及畜牧、农作物、水果、蔬菜、水产等多个领域，为加快推进种业振兴，加强农业科技攻关和推广应用提供依据和理论支持。同时本书对做好种业技术发展与创新方面的知识普及具有重要作用，适合广大干部、种业工作者、农业技术人员、农林院校师生阅读，亦可作为大中小学生的科普读本。

本书在编写过程中得到了中共广东省委宣传部、广东省农业农村厅、华南农业大学、中国热带农业科学研究院、中国水产科学研究院等单位的大力支持，广大种业工作者给予了殷切关怀、热情帮助，西北农林科技大学黄永震博士提供部分家畜种质资源照片，在此一并感谢。由于时间仓促、编者水平所限，书中错误或不足之处在所难免，恳请读者对本书提出批评和建议，以利于在种业振兴、创新、保护工作上发挥更大的作用。

编　者

2022年10月

目录 CONTENTS

一　种业发展的概况 / 001

（一）国际种业发展概况 / 002

（二）中国种业发展概况 / 004

（三）种业发展存在的问题及相应的对策 / 025

二　种质资源创新技术 / 031

（一）种质资源保存方法 / 032

（二）种质资源繁育体系 / 034

（三）种质资源保护体系 / 037

（四）种质资源前沿攻关技术 / 039

（五）种业数字化技术 / 041

三　种质资源圃建设 / 045

（一）国家级农作物种质资源库 / 046

（二）国家级农业微生物种质资源库 / 050

（三）国家级淡水水产种质资源库 / 051

（四）农业农村部种质资源圃（库）/ 051

四　种质资源种类 / 053

（一）动物种质资源 / 054

（二）植物种质资源 / 078

一 种业发展的概况

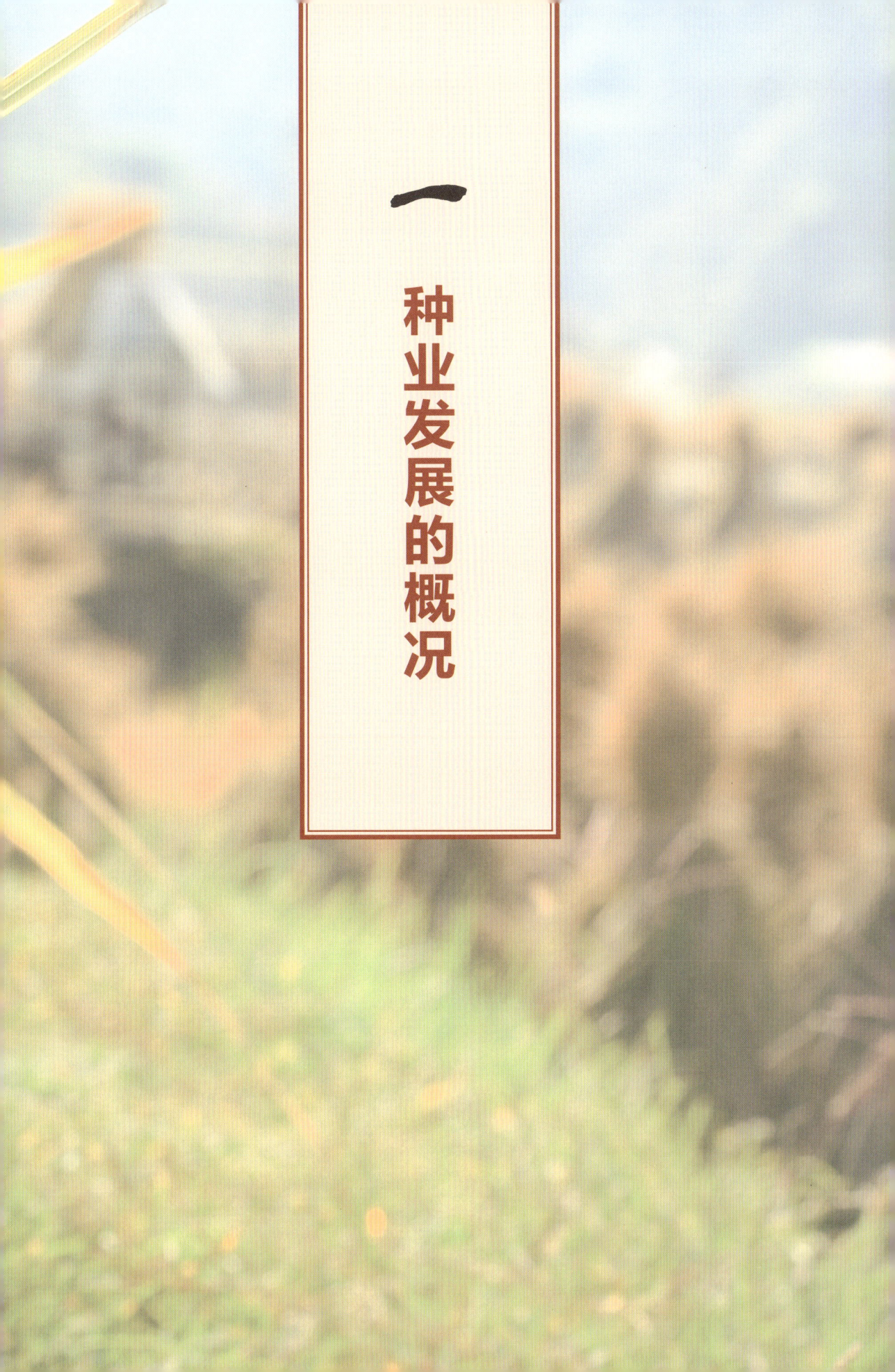

（一）国际种业发展概况

种子相关法律和法规的颁布是一个国家重视种子管理的主要标志。在国际上，发达国家较早地颁布了种子管理办法和法规，建立起规范的种子管理体制。如：1861年瑞士颁布了禁止生产和出售掺杂种子的种子法；1869年英国议会通过了不准出售丧失生命力的种子、掺假的种子和含杂草率高的种子法令；美国在1905年颁布的年度进口法就授权农业部对市场上流通的种子进行测试，1912年国会又通过了禁止美国企业进口低质、劣质种子的种子进口法，1939年颁布了明确商品种子的生产、分级、包装、标签、检验等法律规定的《美国联邦种子法》。在亚洲地区，日本于1947年颁布了《日本种苗法》和《日本种苗法实施细则》。一些不发达国家也建立了较为完善的法律体系，如肯尼亚于1972年颁布了《种子种植品种法》。

（1）种子生产的标准化和程序化

一些发达国家为了保证种子质量，对种子进行了标准化生产和投放过程的程序化控制。种子生产基本上是由大型种子公司和经过审定的专业种子生产农场主共同承担。

在美国种子生产和包装过程中，为确保和有效控制种子质量，种子公司与农场主之间必须订立规范的合同，双方围绕种子纯度、净度和发芽率等质量指标，建立了严格的控制标准（其中也包括商品种子生产标准和商品种子上市标准）。种子进入市场需要遵循以下程序：种子生产企业提出投放申请→主管部门初审→品种认证机构（如美国各州的作物品种改良协会）鉴定认证，或品种审定委员会审定品种→种子公司负责组织生产、加工、包装等环节→投放市场销售。在澳大利亚，种子质量控制是通过企业内部和种子检验站进行的，其中企业是控制种子行业质量的核心。企业内部采用国际种子检验标准（ISTA）对公司收购后的种子进行加工、储存，销售过程中的种子随时抽查检验，所采用的内检标准要高于国际标准，对不合格的种子立即进行加工和处理（如种子发芽率降到公司最低标准），加工合格的种子在仓储中还要定期（一般每隔6周）重新抽样检验。澳大利亚政府则采用ISTA标准和程序，通过种子检验站对种子进行检测，检验后签发的ISTA检验证在国内外均通用，并采用种子质量真实性标签制度确保种子质量。法国种子苗木检验站为确保种苗繁种程序完全符合法国和欧洲其他国家关于种子技术条例的相关规定，种子要进行检验室和田间的检验工作，检验合格后种子再由种子销售公司、合作公司或批发商通过全国各销售网点进行销售。

（2）种子经营的集团化

通过兼并重组，形成集团化规模，是世界种业发展的趋势。世界经济发达国家种子公司主要通过资本运作、企业兼并来不断扩大生产经营规模，是集科技研发、生产、加工、包装、营销等各环节于一体的大型集团公司。集团公司经营业务范围日趋多元化，以适应日益激烈的全球化种子市场竞争，如美国杜邦公司、澳大利亚太平洋种业公司、瑞士先正达种子公司、德国KWS种业集团、塞尔维亚泽蒙玉米研究所及美国迪卡白遗传公司和ICI种子公司。美国杜邦公司通过购买15%的股份，兼并了先锋国际良种公司；孟山都公司近年斥资近百亿美元收购了以生产玉米、大豆种子为主的迪卡白遗传公司，重组了岱字棉专业种子公司和嘉吉公司，一跃成为全球最大的高科技型种子产业公司；法国的利马格兰种业集团已发展成为集种子经营、生物技术研发、保健服务等于一体的集团化公司；丹麦最大的草业种子公司DLF-TRIFOULIUM和主要经营蔬菜、花卉种子的公司LDAEHNFELDT A/S几乎垄断了丹麦整个国家的种子科研开发、生产和销售，已经成为丹麦种业的支柱。从发达国家的种业来看，实现规模化经营的种子公司一般会将其销售收入的10%左右投资于科学研究和新品种开发领域，其种业的研究开发和创新能力得到大大提高。以美国的孟山都公司、杜邦公司及瑞士的诺华集团等为代表，投入巨资开展现代生物技术研究和种子技术的研发，全面改造传统的种子企业，研发和创新能力得到迅速提高。

（3）种子管理的协会化

发达国家种业公司实行的是现代企业的管理制度，政企分开，市场化经营。美国、澳大利亚等国家政府基本上退出了种业的直接管理，政府的作用是制定政策法规和监督。种子协会（民间组织）承担种子行业的多项管理职能，在全国各地区设有分会，负责联络协调该地区种子行业事务，代表种子行业与政府部门协商相关事务，因而影响着政府制定种子行业相关政策。法国的种子管理由种子苗木跨行业联合会（CNIS）负责，CNIS是一个跨行业的组织，由种子育种公司、生产公司、繁育户、经销商和不同类别种子的使用者组成，每一类种子的专业协会都和政府部门共同协商制定该类别良种市场供应政策，规划该类别种子市场，制定该类别种子生产和销售规章，以促进种业的发展。丹麦的种子管理由丹麦种子协会负责，由种子协会签发种子公司销售时的种子品质证书，对产品的各生产环节和阶段进行质量监督，以确保产品的质量达到国际标准。

（4）种子运作的全球化

美国、法国和荷兰是世界三大种子出口国。在经济全球化的背景下，大部分种子公司都实行跨国经营，其运作过程日趋国际化。如美国的孟山都公司、杜邦公司，瑞士的先正达种子公司，法国的利马格兰种业集团，墨西哥的圣尼斯种子公司，德国的KWS种业集团，澳大利亚的太平洋种业公司，瑞士的诺华集团。特别要提的是丹麦种子产量的90%供出口，其中以DLF-TRIFOULIUM公司为代表，该公司是全球最大的三叶草和牧草种子生产商，在美国、英国、德国、法国、中国等多个国家设立了办事处，主管当地市场的营销和育种业务，占有欧盟三叶草、饲料草、绿化用草及饲料甜菜1/3以上市场份额。

（5）种子决策的国际化

种业发达国家都积极通过参加地区和国际决策机构来参与国际决策，以充分维护本国农民的利益。例如：丹麦在国际种子市场上具有重要地位，参加了一系列国际决策机构，如国际种子联合会（Internaional Seed Federation，ISF）、COSEMCO、AMUFOC和ASSINSE等国际行业组织，其中国际种子联合会是2002年ASSINSEL和FIS合并成立的，是全球种子行业的指导机构，负责制定国际种子贸易的各种规范；法国参加了国际植物新品种保护联盟（UPOV），成为UPOV成员国，制定了新品种的保护措施及保护本国种业发展的相关法律法规。

（二）中国种业发展概况

中国是农业大国，农业是我国立国之本，种业是农业的先导产业。农业强必须种业强，种业强必须企业强。近年来，中国政府也加强了对种业的重视和管理。中国种子的科学研究和种业的发展有了长足的进步，但是研究能力和水平还相对落后，目前较多的研究停留在种子各种性状的表层，关于种子内部解剖结构、种子内含物在发育过程中的互作关系及遗传机理还在探索中，在种子储藏领域，大量的研究集中在温度、水分对种子储藏的影响，种子储藏过程中内含物的变化及其储藏生理，种子储藏过程中活力和生活力的保持及生理生化变化等方面。近年来，也开始有些关于种子储藏蛋白质表达、种子储藏蛋白含量分布及遗传多样性的研究，但甚少。

目前，全球种子行业的市场规模在500亿美元左右，其中市场化种子占60%，其余40%是农民的自留种子。这里面，发达国家跟发展中国家又很不相同。发达国家种子的商品化程度很高，基本上是由私营种子公司提供；而发展中国家的种子，基本上是农民自留的种子或政府部门提供的种子，市场化程度比较低。种业关系吃饭这个最重要的事情，因此哪个国家企业的规模大、企业占据优势地位，该国在全球竞争中就会更硬气，就更不怕被"卡脖子"。

中国虽然是世界人口最多的国家，但商业种子市场在2018年仅排名全球第19位，与发达国家的差距巨大。国内的种子企业，上市的数量也不算多，主要的有大北农、北大荒、丰乐种业、农发种业、荃银高科、苏垦农发、隆平高科、万向德农、神农科技等。目前，我国还没有世界级种业巨头，种业里市值最大的大北农，也才418亿元，2019年的净利润仅5亿元出头，与外国巨头相比差距巨大。非常值得欣慰的是，瑞士的先正达种子公司是全球第三大种子农化高科技公司，2017年被中国化工集团收购，收购先正达种子公司之后，中国化工集团构筑了完整的农药产业链，也弥补了自身在种子业务上的空缺。

2000年12月1日我国颁布《中华人民共和国种子法》及《植物新品种保护条例》，种业发展正迈向法制化的轨道。随着我国种业管理体制改革的深入及经济全球化和竞争国际化的日趋激烈，了解国际种业的发展历史、运行现状、管理体制、市场运作、战略规划等，对于加速我国种业发展，增强国际竞争力，构建具有中国特色的新型种业体系具有重要的借鉴意义。农业是最基础的产业，而种业又是农业的基石，中国只有做大做强本国种业企业，才能掌握定价权和市场话语权，才能不被国外"卡脖子"。

1. 动物种质资源概况

习近平总书记指出，要树立大食物观，从更好满足人民美好生活需要出发，掌握人民群众食物结构变化趋势，在确保粮食供给的同时，保障肉类、蔬菜、水果、水产品等各类食物的有效供给，缺了哪样都不行。

广东全面开展省内20个畜禽品种、省外25个畜禽品种遗传材料的采集和制作，冻存细胞、精液、胚胎、组织、核酸、肠道微生物等各类材料95 996份，实现对广东省地方畜禽品种100%覆盖，是华南地区技术水平最高、收藏数量最多的畜禽种质资源库。

广东省建有国家生猪核心育种场12个，占全国的12%；国家肉鸡核心育种场8个，占全国的44%；国家肉鸡良种扩繁推广基地6个，占全国的35%。全国占比遥遥领先。

1998年7月，由深圳光明畜牧合营有限公司和深圳市农牧实业有限公司分别培育的"光明"猪配套系和"深农"猪配套系率先培育成功。这标志着我国有了自己的生猪配套系。

进入21世纪以来，动物蛋白逐步成为居民蛋白摄入的重要来源，权威学者们曾在Nature和Science中撰文阐述可持续渔业的地位，Time曾以封面文章报道渔业在全球食品安全和经济增长中的作用，据2022年联合国粮农组织（FAO）统计的世界渔业和水产养殖状况，2019年世界人均水产品供应量达20.2千克，到2030年，水产食品消费量增长人均供应将达21.4千克，为保障全球粮食安全和营养充足作出巨大贡献（图1）。

科技创新是现代农业的重要特征和关键要素，水产种业科技产业在发展中发挥重要支撑和引领作用，是推动渔业可持续发展的源泉。发达国家纷纷将经济水生生物的遗传育种研究列为水产经济的重点发展方向，美国的"海洋行动计划"、欧盟的"欧洲共同渔业政策绿皮书"及"综合海洋政策"、日本的"水产基本计划"、韩国的"21世纪海洋韩国"等关于水产种业的规划纷纷出台，正在进行的水产育种项目有数十个，水产种业商业化市场化日渐运作成熟（图2）。挪威的大西洋鲑良种、美国的抗病牡蛎品种和凡纳滨对虾良种等已在相关领域取得技术突破并形成产业优势。

我国水产种业从政策方面先行，3 000年前就有水产种业的萌芽，但现代水产种业的兴起仅仅源于近50年来水产遗传育种学科的发展，全国水产原种和良种审定委员会于1992年1月21日批准成立，拉开了我国水产良种体系建设的序幕。特别是2012年中央一号文件出台，明确提出"科技兴农，良种先行"以来，促进基础研究、应用研究、技术开发和产业体系等协同全面发展。我国开展养殖的水产生物种类超过300种，目前实现规模化养殖的超过100种，培育出经过认证的200多个水产新品种，为中国水产养殖的快速增长提供了强有力的支撑，与国际先进水平的差距逐渐缩短，在一些研究领域已跻身国际先进行列。据农业农村部渔业渔政管理局发布的《2021年全国渔业经济统计公报》，2021年全国渔业产值15 158.63亿元，海水养殖产值4 301.70亿元，淡水养殖产值7 473.75亿元，水产苗种产值742.90亿元。

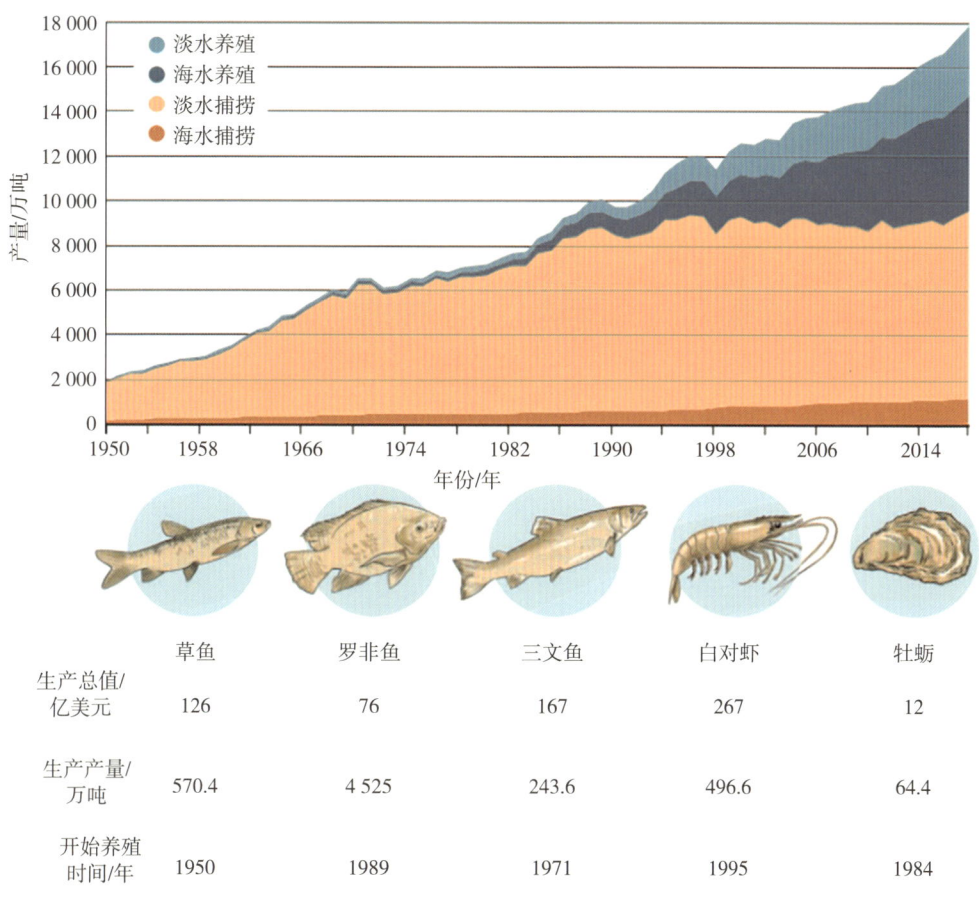

图1 2020年主要养殖数据统计分析

(数据自FAO)

图2 水产苗种打样计数

(左：大口黑鲈；右：南美白对虾)

在种业体系架构方面，自1998年起，国家开始实施水产良种工程，通过投资建设全国水产原良种场，以"保护区—原种场—良种场—苗种场""遗传育种中心、引种中心—良种场—苗种场"等思路开始铺设现代化的种业体系，水产种业已正式进入规范化管理阶段。从建立育种技术体系、构建核心群体和培育新品种三个方面出发，同时辅以国家级良种场（良种扩繁场）和苗种场等，搭建了从水产遗传育种、良种扩繁到苗种生产供应的三级种苗生产保障体系。我国拥有丰富的水生生物资源，是世界上12个生物多样性特别丰富的国家之一，这为开展水产养殖提供了便利条件，开发潜力巨大。在水产种质资源调查方面，20世纪80年代开始对淡水鱼类种质资源进行研究，依托以国家级、省级水产原良种场为核心的原良种生产服务体系，保存了一批重要的水产种质资源，初步搭建了国家级的水产种质资源保护和共享利用平台。2022年8月，农业农村部办公厅印发《关于扶持国家种业阵型企业发展的通知》，根据企业规模、创新能力和发展潜力等关键指标，从全国3万余家种业企业中遴选出121家水产种业企业机构，集中力量构建"破难题、补短板、强优势"国家种业企业阵型，加快打造种业振兴骨干力量（表1）。

表1　国家水产种业阵型企业名单

序号	阵型	物种	所在地	企业名称
1	破难题阵型	四大家鱼	江苏	江苏坤泰农业发展有限公司
2			湖南	湖南湘云生物科技有限公司
3				衡东县大浦托财渔业养殖专业合作社
4			广东	佛山市南海百容水产良种有限公司
5			广西	广西利渔种苗有限公司
6		鳗鲡	福建	福建天马科技集团股份有限公司
7		黄鳝	湖北	仙桃市忠善黄鳝苗种繁育专业合作社
8		虹鳟	辽宁	本溪艾格莫林实业有限公司
9			青海	青海民泽龙羊峡生态水殖有限公司
10			新疆	新疆天蕴有机农业有限公司
11		花鲈	福建	福建闽威实业股份有限公司
12			山东	烟台经海海洋渔业有限公司
13		卵形鲳鲹	海南	海南晨海水产有限公司
14		银鲳	浙江	象山港湾水产苗种有限公司
15		河鲀（淡水）	江苏	南通龙洋水产有限公司
16		河鲀（海水）	河北	唐山海都水产食品有限公司
17			辽宁	大连天正实业有限公司
18				大连富谷食品有限公司

续表

序号	阵型	物种	所在地	企业名称
19	破难题阵型	南美白对虾	山东	渤海水产股份有限公司
20	破难题阵型	南美白对虾	山东	邦普种业科技有限公司
21	破难题阵型	南美白对虾	广东	广东海兴农集团有限公司
22	破难题阵型	南美白对虾	广东	海茂种业科技集团有限公司
23	破难题阵型	南美白对虾	广东	广东恒兴饲料实业股份有限公司
24	破难题阵型	南美白对虾	海南	海南中正水产科技有限公司
25	破难题阵型	克氏原螯虾	江苏	江苏正源创辉食品科技发展有限公司
26	破难题阵型	克氏原螯虾	江西	九江凯瑞生态农业开发有限公司
27	破难题阵型	克氏原螯虾	湖北	湖北省小龙虾良种选育繁育中心有限公司
28	破难题阵型	克氏原螯虾	四川	四川百岛湖生态农业开发有限公司
29	破难题阵型	青蟹	浙江	宁波华大海昌水产科技有限公司
30	破难题阵型	青蟹	广西	广西海洋研究所有限责任公司
31	破难题阵型	蛙类	吉林	吉林省蛙王生物工程有限公司
32	破难题阵型	蛙类	广东	中洋渔业（清远）有限公司
33	补短板阵型	鳊鲂	黑龙江	黑龙江农垦震达兴凯湖大白鱼研究所
34	补短板阵型	鳊鲂	安徽	安庆市皖宜季牛水产养殖有限责任公司
35	补短板阵型	鳊鲂	湖北	武汉先锋水产科技有限公司
36	补短板阵型	黄颡鱼	辽宁	灯塔市忠信淡水渔业有限公司
37	补短板阵型	黄颡鱼	广东	佛山市南海百容水产良种有限公司
38	补短板阵型	黄颡鱼	四川	眉山市东坡区鱼太子鱼苗繁育场
39	补短板阵型	鳜	安徽	池州市秋浦特种水产开发有限公司
40	补短板阵型	鳜	四川	盐亭西部水产种业有限公司
41	补短板阵型	鲟	北京	北京中科天利水产科技有限公司
42	补短板阵型	鲟	浙江	衢州鲟龙水产食品科技开发有限公司
43	补短板阵型	鲟	云南	云南阿穆尔鲟鱼集团（会泽）有限公司
44	补短板阵型	鳢	广东	佛山市南海百容水产良种有限公司
45	补短板阵型	鳢	广东	广东梁氏水产种业有限公司
46	补短板阵型	鲇鲴类	安徽	安徽省巢湖市富煌水产开发有限公司
47	补短板阵型	鲇鲴类	湖北	嘉鱼县三湖渔业有限责任公司
48	补短板阵型	鲇鲴类	广西	广西玉林市鑫坚种养有限公司
49	补短板阵型	鲇鲴类	四川	眉山伟继水产种业科技有限公司

续表

序号	阵型	物种	所在地	企业名称
50	补短板阵型	大黄鱼	浙江	象山港湾水产苗种有限公司
51			福建	宁德市官井洋大黄鱼养殖有限公司
52				宁德市富发水产有限公司
53		鲆鲽类	河北	唐山市维卓水产养殖有限公司
54			山东	烟台开发区天源水产有限公司
55				威海圣航水产科技有限公司
56		石斑鱼	山东	莱州明波水产有限公司
57				海阳市黄海水产有限公司
58			海南	海南晨海水产有限公司
59		中国对虾 日本对虾 斑节对虾	河北	唐山市曹妃甸区会达水产养殖有限公司
60			山东	日照海辰水产有限公司
61			海南	海南海壹水产种苗有限公司
62		河蟹	辽宁	盘锦光合蟹业有限公司
63			江苏	江苏诺亚方舟农业科技有限公司
64			浙江	浙江澳凌水产种业科技有限公司
65		梭子蟹	河北	黄骅海水原良种繁育中心
66			山东	昌邑市海丰水产养殖有限责任公司
67		牡蛎 扇贝	河北	昌黎县振利水产养殖有限公司
68			辽宁	獐子岛集团股份有限公司
69			山东	青岛前沿海洋种业有限公司
70				烟台海益苗业有限公司
71		蛤蚶蛏	浙江	三门东航水产育苗科技有限公司
72			福建	福建省宝智水产科技有限公司
73		紫菜	江苏	南通宏顺水产品有限公司
74			福建	福州闽之海水产苗种有限公司
75		龟鳖类	浙江	浙江清溪鳖业股份有限公司
76			湖北	湖北盛昌水产有限公司
77			广东	广东绿卡实业有限公司

续表

序号	阵型	物种	所在地	企业名称
78	强优势阵型	鲤鲫	天津	天津市换新水产良种场
79			江苏	射阳康余水产技术有限公司
80			安徽	安徽小老海实业有限公司
81			河南	延津县天河水产品有限责任公司
82			贵州	贵州省三穗县兴绿洲农业发展有限公司
83			宁夏	宁夏新明润源农业科技有限公司
84		罗非鱼	广东	广东伟业罗非鱼良种有限公司
85			海南	海南宝路水产科技有限公司
86			云南	西双版纳云博水产养殖开发有限公司
87		大口黑鲈	安徽	安徽张林渔业有限公司
88			安徽	安徽海辉水产养殖有限公司
89			广东	广东梁氏水产种业有限公司
90			广东	佛山市南海百容水产良种有限公司
91		罗氏沼虾	江苏	江苏数丰水产种业有限公司
92			浙江	浙江蓝天生态农业开发有限公司
93			浙江	浙江省水产种业有限公司
94		鲍鱼	福建	晋江福大鲍鱼水产有限公司
95			山东	威海长青海洋科技股份有限公司
96		海带裙带菜	辽宁	大连海宝渔业有限公司
97			福建	福建省连江县官坞海产开发有限公司
98			山东	威海长青海洋科技股份有限公司
99		刺参	辽宁	大连鑫玉龙海洋生物种业科技股份有限公司
100			山东	山东好当家海洋发展股份有限公司
101			山东	山东安源种业科技有限公司
102				青岛瑞滋集团有限公司

续表

序号	阵型	物种	所在地	企业名称
103		投资机构	北京	现代种业发展基金有限公司
104			浙江	中信农业产业基金管理有限公司
105	专业化平台	技术支撑	北京	中国水产科学研究院渔业工程研究所
106				北京诺禾致源科技股份有限公司
107			辽宁	大连海洋大学
108			黑龙江	中国水产科学研究院黑龙江水产研究所
109			上海	上海海洋大学
110				中国水产科学研究院东海水产研究所
111				中国水产科学研究院渔业机械仪器研究所
112			江苏	中国水产科学研究院淡水渔业研究中心
113			浙江	浙江省淡水水产研究所
114				宁波大学
115			福建	厦门大学
116				集美大学
117			山东	中国水产科学研究院黄海水产研究所
118				中国海洋大学
119				中国科学院海洋研究所
120				山东省海洋科学研究院
121			湖北	中国科学院水生生物研究所
122				中国水产科学研究院长江水产研究所
123			湖南	湖南师范大学
124				湖南省水产科学研究所
125				华智生物技术有限公司
126			广东	中国水产科学研究院珠江水产研究所
127				中国水产科学研究院南海水产研究所
128				深圳华大基因股份有限公司

注：水产种业阵型企业共121家，其中广东梁氏水产种业有限公司同时入选大口黑鲈强优势阵型和鳢补短板阵型；佛山市南海百容水产良种有限公司同时入选大口黑鲈强优势阵型和黄颡鱼、鳢补短板阵型及四大家鱼破难题阵型；威海长青海洋科技股份有限公司同时入选鲍鱼、海带、裙带菜强优势阵型；海南晨海水产有限公司同时入选石斑鱼补短板阵型和卵形鲳鲹破难题阵型；象山港湾水产苗种有限公司同时入选大黄鱼补短板阵型和银鲳破难题阵型。（数据来自农业农村部办公厅2022年7月21日印发《关于扶持国家种业阵型企业发展的通知》）

我国水产新品种多是基于水生生物自身的特殊性，多数育种周期长、效率不高。要开发批量大，品质高，性状优又具有广适性的新品种，一方面需要开展多性状、多技术复合分子设计育种研发，建立基于全基因组选择育种的技术新体系；另一方面需要创制生态健康的苗种繁育新体系。现代种业是将分子育种技术、合成生物技术、细胞工程育种技术和胚胎工程育种技术等现代生物技术应用于动植物育种领域，培育一大批性能优良的突破性新品种，并围绕这些新品种的培育、生产和推广而形成的新兴产业，种业科技创新则是现代种业的领头兵（图3）。

伴随着生物技术日新月异的发展，在水产种业方面，在传统育种成熟的发展基础之上，以最佳线性无偏差预测（best linear unbiased prediction，BLUP）技术为核心的多性状复合育种技术、全基因组选择育种、分子设计育种、细胞工程育种等先进育种技术也得到了快速发展，目前正在从深度与广度上推进水产育种科学的发展，并对水产种业的跨越式发展起到了明显的引领和推动作用。许多在产业中发挥重大作用的水产养殖品种的培育离不开水产养殖基础研究的发展，对原种生物学特性进行深入研究，充分了解其遗传背景，在此基础上，针对其特性确定具体的选育技术路线，筛选与经济性状相关的遗传标记，进而选育出符合目标性状的新品系（种）。针对生长、生殖、抗逆（病）、性别控制等重要经济性状的遗传改良依然是当前及未来世界水产养殖业发展的主要方向。

目前，我国针对水产养殖业发展现状和可持续发展需求，通过开展重要养殖水产生物生殖、生长和抗性等主要经济性状的功能基因研究，初步解析了部分水产生物生长、生殖和抗性的基因调控网络，建立主要经济性状功能基因组研究和分子设计育种中间的有机联系，创制一批在生长、生殖和抗性等目标经济性状上表现优质的育种材料。我国在调控水产动物特别是鱼类生殖、性别、生长、抗逆（病）等重要性状的主要功能基因鉴定和调控网络解析方面取得了

图3 专家组考察始兴县省级水产良种场亲本培育

长足的进步。

在水产种质资源评价方面，已构建了一批重要养殖种类的cDNA文库或BAC文库和高密度遗传连锁图谱；发掘鉴定了一批具有重要育种价值的功能基因、QTL位点和分子标记；水产动物分子生物学基础研究已经取得了重要突破或进展。采用常规育种技术培育出快速生长的建鲤、大口黑鲈、彭泽鲫等。采用遗传分子标记和多性状复合评价等辅助选择育种的方法，已在银鲫、鲤、中国对虾、杂交鲍、罗氏沼虾、斑点叉尾鮰、罗非鱼和珍珠贝等淡水养殖种类上成功运用。目前研究比较前沿性的分子育种技术——分子设计育种、全基因组选择育种和基因组关联分析育种是在解析物种遗传信息的基础上，有目的、有导向地培育新品种，也是未来育种发展的方向，这些技术有的已经在一些动物品种快速选育中应用，有的才刚刚开始。我国水产育种团队已进行了一些尝试，如在海洋贝类中，研发了成套的基于全基因组的低成本、高通量遗传标记分型技术，建立了贝类全基因组选择育种分析评估系统。在鲤、鲫和草鱼等淡水鱼类中也进行了一些分子模块育种的尝试。

目前，我国淡水渔业科技进步贡献率已超过50%，尽管有些领域落后于发达国家，但综合实力在国际上总体处于中上水平，与发达国家科技发展差距主要存在以下几个方面：

在科技投入和项目支持方面，国外遗传育种多起源于大的育种计划，研究目标集中并能进行长期的支持，如美国南美白对虾计划，最初起源于美国农业部20世纪90年代部署的美国海产对虾养殖计划（US marine shrimp farming project，USMSFP），后期由美国对虾改良系统有限公司（SIS）、泰国正大卜蜂集团（CP）、美国科纳湾海洋资源公司（Kona Bay）等主导了种虾供应，这些公司特别是SIS公司，拥有自主研发与规模化生产相结合的良好模式，目前几乎垄断了国际南美白对虾良种供应。挪威从1972年以来一直坚持对鲑鳟进行良种选育，创建了"挪威三文鱼"这个品牌，并在全球部署鲑鳟育种基地和项目。除了政府主导和投资外，国外发达国家多有成熟的大型企业，拥有自主研发能力和经费支持，如英国的Genus种业集团公司每年的研发经费为3 400万美元左右，折合人民币约为2.36亿元。而我国水产种业以国家科技计划投资为主，种业企业规模不大且几乎没有科技创新投入。和发达国家数十年支持一个项目不同，我国科研立项计划多以5年为一个周期，很少有项目能获得连续支持。自2014年国务院部署国家科技计划管理改革后，水产遗传育种方面尚无大的支持计划，急需长期、稳定的经费支持。

在种业发展模式方面，从国际水产种业发展实践看，企业能够灵活面对市场，应是国家种业发展的主要载体和技术创新主体。实现种业科技自立自强、种源自主可控，企业扶优是打好种业翻身仗的关键一招，引导资源、技术、人才、资本等要素向重点优势企业集聚。国外大型种业企业规模大，已自成产业，有自主品种，有些甚至有自己的种质资源库，能够协调科研、生产、加工、经营、管理等各环节。

我国水产种业起步较晚，纯粹商业成果转化项目较少，以企业为主体的商业化育种体系尚未形成，大多数水产企业规模小，整体自主创新能力薄弱，缺乏国际竞争力。目前，水产遗传育种研究多集中在高等院校、科研院所等，规模化繁殖和成功推广的例子并不多，其中异育银鲫"中科3号"是由中国科学院水生生物研究所研发，依托原良种场或遗传育种中心，进行良种保种、亲本扩繁、技术指导等，主导开始阶段的示范推广；各级水产技术推广站配合进行示范点选择、苗种繁育、数据收集等；当推广达到较大规模后，开始以省级水产技术推广站为主导进行进一步推广，研究单位配合提供亲本和技术支持，取得了较好的效果。目前，一些大的水产企业开始尝试建立育、繁、推一整套产业链，如大口黑鲈"优鲈3号"、黄颡鱼"全雄1号"的商业化推广中，已经开拓了"种源可控、分级生产、加盟商管理"的市场推广模式，能够确保养殖者得到真正优质苗种，开始逐渐形成覆盖全国的销售网络（图4）。

图4　水产苗种生产企业亲本保育车间

在科研自主创新方面，我国水产养殖历史悠久，20世纪60年代，"四大家鱼"人工繁殖技术的突破开启了我国水产种业科技创新的历史，特别是自20世纪90年代以来，我国水产动物遗传育种研究一直呈稳定上升的发展势态，时至今日，我国与

"水产养殖动物遗传育种"相关的SCI发文量和专利申请量始终占据SCI数据库和德温特专利索引（Derwent Innovations Index，DII）的前茅，中国科学院和中国水产科学院分别位居世界SCI发文量和专利权人第一位。然而，与发达国家相比，我国淡水养殖科研项目较少，研究对象广泛，种质资源的收集和保存数量不足，技术参差不齐，良种选育过于短平快，导致良种出现得快、消失得更快；育种基础理论和基础数据积累较少，选育评价指标过于单一，过度选育会导致养殖动物基因由多样变得单一，体质越来越弱，抗逆性降低、产品品质变差；缺乏系统的研究和持续的品种改良工作，改良工作仍停留在初级阶段，真正的良种往往缺乏规模化和持续性，自主创新相对滞后，科技创新之路任重道远。

针对这种情况，需要加快现行种业政策的科学布局，加强科技创新保障措施，促进我国水产种业的迅速发展，支撑产业高质量长远发展。

第一，制订并实施长期、系统的种业发展规划，逐步建立多元化的种业投入机制。我国淡水种业近年来虽然处于上升阶段，但与现代水产种业的要求相距较远，主要表现在自主创新能力滞后、苗种生产水平不稳定、苗种企业竞争力弱、市场监管能力不强、种业发展支持体系不健全，需要发挥公共财政在种业科技投入中的主导作用，加大各类科技计划向种业科技的倾斜力度和投入，建立投入稳定增长的长效机制，同时完善渔业补贴政策，拓宽渠道，综合运用财政拨款、基金、贴息、担保等多元化方式吸引社会资金投入，建立和完善多元化、多渠道的种业科技投入体系。良种也需要良法的带动，针对不同品种的新型高效健康养殖模式与生态养殖模式的继续探索（图5），补齐我国水产养殖种业短板的同时，做好规划，提高产业效益，促进产业高质量发展。

图5 水产苗种免疫预防现场
（左：注射免疫；右：浸泡免疫）

第二，明确政研企分工和合作，探讨不同物种种业发展模式。我国水产养殖动物种业养殖种类多，发展程度不一，不同种之间特点也不尽相同，应探讨不同的种业发展模式。对于直接关系水产品的保障供给能力、关系国计民生的且育种周期长、保种程度高、相对经济效益又低的品种，需要政府长期扶持，科研院所和高等院校参与新品种研发，企业参与推广；对于经济效益较高的部分名特优鱼类，保种和育种成本较低，适合在政府引导扶持下，以市场为导向，强化产学研紧密结合，以重点企业为龙头。也可以通过让研究单位的科学家跟企业、公司、产业部门建立直接联系，把从事病害研究的、养殖模式的、遗传育种的科研专家和公司结合起来，直接抵达养殖户，做到产学研结合，才能真正意义上带动产业的发展。

第三，加大良种的知识产权保护，实施水产种苗的法制化管理。加大良种的知识产权保护，实施水产种苗的法制化管理，是实现商业化水产种业的重要条件。我们国家虽通过实施了一系列与水产种苗管理相关的法规制度，但没有有效实施，水产种苗的生产行业散乱无序，这就需要完善水产品种的审定制度，实行生产经营许可证经营管理，做好法制宣传和培训工作，提高水产种苗生产单位和个人的技术操作水平。此外，加强苗种的检疫、免疫补贴等制度的落地，培育新型健康苗种已经迫在眉睫。2019年，农业农村部指导24个省（区、市）开展水产苗种产地检疫试点工作，取得了积极进展，各地要健全渔业官方兽医队伍、完善检疫电子出证系统、加强苗种检疫执法监督，积极整合资源、加大支持，加强执法力度，及时查处违法行为。

第四，培植新型水产龙头企业，创造以企业为主体的商业化种业新机制。企业能够灵活面对市场，发达国家早已实现了育种的商业化转移，种业企业有能力投入大量资金用于新品种和新技术的研发，我国大多数水产种业企业尚未建立起自身的科技创新体系，科研经费投入严重不足，在经费投入上也过度依赖政府财政投入，缺乏育种投入的长期性和持续性。通过改制、重组或引资等多种形式和途径，需要在政府的引导和资助下，积极培植一批覆盖水产种业全产业链、面向市场需求的"产、学、研、育、繁、推"一体化的新型水产种业企业，加快建立以企业为主体的商业化育种新机制。实现种业科技自立自强、种源自主可控，强化企业创新主体地位，打造一批具有核心研发能力、产业带动能力、国际竞争能力的航母型领军企业、"隐形冠军"企业和专业化平台企业，加快形成优势种业企业集群。

2. 植物种质资源概况

（1）农作物

水稻（*Oryza sativa* L.）属于禾本科稻属植物，是世界上一半以上人口的主粮，也是分子遗传学研究常用的模式植物。中国是世界最早栽培水稻的国家，也是世界稻作文明的发源地。作为一个人口大国，中国人吃饭问题始终备受关注。2011—2021年我国水稻种植面积稳定在3 000万公顷左右，2022年种植面积略微有减少，总产已连续12年稳定在2亿吨以上，单产约474千克，比国际平均水平要高70%。我国以占世界9%的耕地、6%的淡水资源，养育了世界近1/5的人口，这一成绩来之不易。最近半个多世纪以来我国水稻遗传育种改良的巨大成功，为解决世界性的粮食危机作出了决定性的贡献。中国工程院院士万建民指出："在提高粮食产量的诸多科技中，良种对增产的贡献率最大，目前全国范围内农作物良种对增产的贡献率超过45%，水稻、小麦、玉米、大豆平均超过50%。"

水稻育种创新是水稻科技创新的核心，而种质资源是水稻育种创新的基础，育种是对已有种质资源相关性状的"聚优去劣"过程。突破性品种的育成决定于关键性优异种质资源的发现与利用。如黄耀祥院士开创"水稻矮化育种"的成功离不开矮源矮脚南特和矮子粘的发掘，被誉为"第一次绿色革命"。袁隆平院士开创的"三系杂交稻"离不开细胞质雄性不育野生稻"野败"和强恢复系等重要种质的发掘，被誉为"第二次绿色革命"。因此，要实现新的育种目标，必须拥有更多的种质资源。中国最早在20世纪30年代就开始了对地方稻种资源的考察收集，后来又在20世纪70年代、80年代进行了全国性的稻种资源的补充征集，并进行了资源的繁殖、编目、鉴定评价和保存。中国保存的水稻种质资源也非常丰富，据统计，截至2018年12月，国家农作物种质长期库共保存水稻种质资源87 838份，其中野生稻资源6 694份，栽培稻资源81 144份，国家农作物种质中期库保存各类水稻种质资源79 468份，在资源保存数量上仅次于国际水稻研究所。除此之外，我国在海南、广东、广西、云南、福建、江西和湖南7个野生稻分布省（区）也建立了野生稻原位境保存点，目前我国已经建成了较为完善的水稻品种资源安全保存体系。

稻属（*Oryza*）分为27个种，包括2种栽培稻［即亚洲栽培稻（*Oryza sativa*）和非洲栽培稻（*O. glaberrima*）］和25种近缘野生稻。按照基因组特征来分，稻属又可以分为6种二倍体（AA、BB、CC、EE、FF、GG）和5种四倍体（BBCC、

CCDD、KKLL、HHKK、HHJJ）。野生稻种质资源是打赢水稻种业翻身仗的"芯片"。据调查，全球已发现的野生稻种主要分布在中国南部、澳大利亚北部，以及南亚、东南亚等热带和亚热带地区。在这些野生稻种中，我国分布3个种，即普通野生稻（*Oryza rufipogon* Griff）、药用野生稻（*O. officinalis* Wall）和疣粒野生稻（*O. meyeriana* Baill）（图6）。普通野生稻主要分布于海南、云南、湖南、广东、广西、江西和福建等。药用野生稻主要分布于海南、云南、湖南、广东、广西等。疣粒野生稻仅分布于海南和云南。我国自20世纪50年代开始，经过3次大规模调查，已收集3种野生稻资源20 000多份，并从国外引进和收集20个物种4 000多

普通野生稻

药用野生稻

疣粒野生稻

普通野生稻（*Oryza rufipogon* Griff）

药用野生稻（*Oryza officinalis* Wall）

疣粒野生稻（*Oryza meyeriana* Baill）

图6　我国分布的野生稻资源

份资源。华南作为亚洲栽培稻的起源地之一，野生稻种质资源十分丰富。广东建有国家种质广州野生稻圃和广东省水稻种质资源库，收集保存栽培稻和野生稻资源24 000多份，其中，野生稻资源5 158份，栽培稻资源18 800多份。海南省农业科学院建有省级"海南热带野生稻种质资源圃"，共收集3 283份野生稻资源入圃保存，其中海南野生稻2 692份，国内野生稻571份，东南亚和非洲野生稻20份（表2）。

表2　普通野生稻与普通栽培稻的区别

性状	普通野生稻	普通栽培稻
落粒性	很强	较不易落粒
繁殖特性	有性繁殖和无性繁殖	有性繁殖
成熟特性	成熟不整齐，穗上着粒甚少	成熟整齐，穗上着粒多
谷草比	极低	0.3～0.5
株型	分蘖散生，茎叶长大	株型较紧凑
芒	长芒	短芒或无芒
米色	赤褐	通常为白色

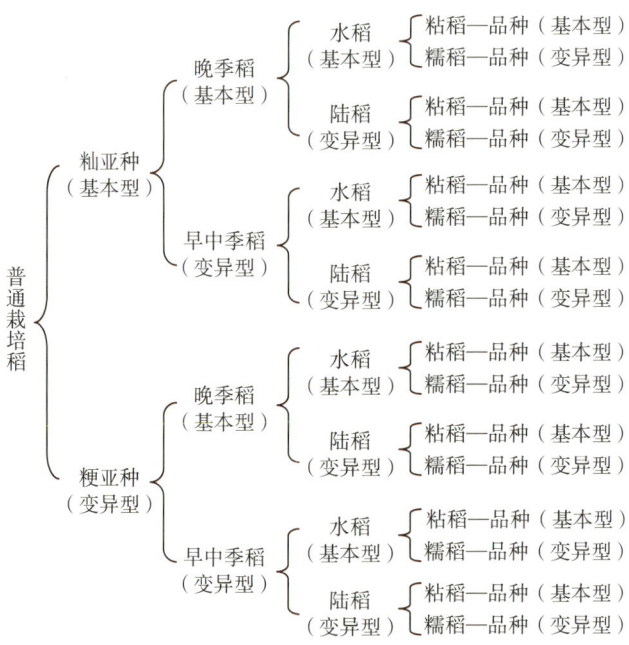

图7　中国普通栽培稻的演变与分类

水稻在中国适宜种植的范围十分广阔，主要在我国华南、西南和长江中下游等地，在华北、东北等地也有种植，西北的部分地区有少量水稻的种植，多样化的地理生态环境，使中国的水稻种质资源形成了较高的表型差异和遗传多样性（图7）。籼稻、粳稻是两种不同的地理气候生态型（图8、表3）。籼稻适宜高温、高湿和强光的热带及亚热带地区，主要分布于我国长江流域、东南亚地区等。粳稻适宜气候温和、光照较弱和较干燥的温带地区和热带高地，主要分布在我国东北地区、朝鲜半岛、日本等。水稻资源遗传多样性的地理分布特征表现为西南稻作区的籼稻和粳稻、华南稻作区籼稻选育品种（品系）及华北稻作区粳稻地方品种的遗传多样性较高，而西北稻作区粳稻选育品种（品系）的遗传多样性较低，其余稻作区水稻的遗传多样性处于中等水平。云南省的水稻资源较其他省份的水稻资源具有更丰富的遗传多样性。水稻品种遗传多样性近几十年的变化趋势为20世纪80年代前育成的水稻品种遗传多样性较低，而20世纪80年代至21世纪初育成的水稻品种遗传多样性显著提高，到21世纪10年代水稻遗传多样性有所下降。随着时代的发展，各年

籼稻谷粒和米粒

粳稻谷粒和米粒

图8 籼稻与粳稻

代育成品种特有等位基因总体趋于增加。

研究表明，现代栽培稻相对普通野生稻丢失了约1/3的等位基因和一半的基因型，其中包括了大量优异基因，有抗病虫、抗杂草及抗逆基因，也有高产优质基因。对比20世纪80年代，海南野生稻自然居群已消失了88.9%，其保护的重要性不亚于熊猫。目前我国具有重大应用价值的水稻种质、基因匮乏。我国种质资源育种利用率仅为3%~5%，缺乏适合轻简化栽培、优质功能性、重金属低积累、耐穗发芽、高低温等其他重要种质（基因）。因此，加强种质资源的引进、收集、整理、保护和利用意义重大。

表3 籼稻与粳稻的主要区别

项目		籼稻	粳稻
形态特征	叶形叶色	叶片宽，叶色淡	叶片窄，叶色深绿
	粒型株型	粒细长略扁，株型较散	粒短圆，株型较竖
	芒的有无	多无芒，或有短芒	有长芒，或无芒
	颖毛状况	颖毛短而稀，散生颖面	颖毛长而密，集生颖棱上
生理特性	吸水发芽	较快	较慢
	抗性、适应性	抗寒性弱，抗稻瘟病性较强	抗寒性较强，抗稻瘟病性较弱
	分蘖力	较强	较弱
	耐肥抗倒	一般	较强
	脱粒性	较易	较难
	米质	出米率低，碎米多，胀性大	出米率高，碎米少，胀性小

玉米是我国粮食与食品供给安全的主要保障作物之一，对我国粮食结构和安全具有重要影响，早期经中国商人和葡萄牙人由海路传入中国。广东是我国沿海各省区中最早引进玉米的地区之一，《龙川县志》记载有"珍珠粟"的栽培。甜玉米（*Zea mays* L. var. *saccharata* Sturt）是一种营养丰富、适口性好、经济效益高的新型玉米，在世界范围内得到快速发展。我国甜玉米育种研究起步较晚，从20世纪50年代末开始，北京农业大学李竞雄教授和郑长庚教授从国外引进一批甜玉米材料开

展育种探索，直到21世纪初才开展较大规模育种研究。

广东是我国较早引种超甜玉米的地区，20世纪80年代，甜玉米品种经香港商人从美国、泰国等地大量引种到广东的珠江三角洲一带种植，产品再返销境外，产业经济效益好，政府重视，自此开始，甜玉米产业在广东得到迅速的发展。其后育种研究才起步，资源全部依赖外部引进，最早引进的品种包括泰甜5号、库普拉、王朝、麦哥拉姆等。外销受阻改内销后，由于产品良好的口感，一经供应市场，便受到当地居民普遍欢迎，打开了广东省的甜玉米消费市场，进一步促进了甜玉米种植面积的扩大，进而培育和形成了广东省甜玉米产业。

广东也是我国甜玉米生产量最大的省份，种植面积占全国50%以上，是世界甜玉米主产区之一，也是甜玉米的主要消费区。其中鲜食甜玉米是广东乃至我国南方地区重要的优势特色农作物，广东常年种植面积约200 000公顷，居国内第一位。鲜食玉米主要分为甜玉米、糯玉米、甜糯玉米。鲜食玉米食用品质优良，营养价值丰富，已成为百姓"菜篮子"的主要品种。

（2）蔬菜

中国是世界蔬菜重要起源中心之一，蔬菜资源丰富。据初步统计，我国常用的蔬菜种类现已超过140个植物种。我国在20世纪50—60年代曾对蔬菜的地方品种资源进行调查、搜集和整理；在20世纪70年代中、后期又重点进行了补充调查。至1985年，各大城市郊区及蔬菜主产区的蔬菜种类及地方品种调查结果显示，共得材料17 000余份。2023年新的蔬菜资源普查结束之后，将会发布第三次全国农作物种质资源调查报告白皮书，让各界了解中国蔬菜种质资源分布现状，目前广东蔬菜种质资源库已安全保存蔬菜种质资源8 000多份，广东蔬菜种质中期库入库蔬菜种质资源近4 000份，广东芋头种质资源圃保存芋头资源200余份。

随着蔬菜产业的不断发展，今后将需要有更多优异性状聚合的蔬菜种质不断投放生产，以满足生产和市场日益增长的需求。种质资源创新是增加种质资源的遗传多样性和获得生产及育种所需的优异种质的重要途径。因此，以常规技术为基础，综合利用远缘杂交，以及细胞工程、分子标记技术、转基因技术等现代生物技术，挖掘出的重要优异基因源，针对当前育种和生产中的重大问题和需求，有重点地开展种质资源的创新研究，将成为今后蔬菜种质资源研究的重中之重。

（3）花卉

花卉种质资源是对花卉品种改良和栽培有利用价值的遗传物质总体，即包含一定的遗传物质，表现一定优良性状，能将其特定遗传信息传递给后代的花卉资源。我国是世界花卉种质资源宝库之一，有悠久的栽培历史，丰富的经验，精湛的技艺，享誉中外，被国外著名植物学家赞称"世界园林之母"。由于我国幅员辽阔，地势起伏，气候各异，既有热带、亚热带、温带、寒温带花卉，又有高山花卉、岩生花卉、沼泽花卉、水生花卉等，是许多名花异卉的故乡。观赏植物资源丰富，尤其经过几千年来勤劳智慧的人民的引种驯化，培育了许多观赏园艺新品种，并与庭院观赏、园林景观相结合，具有了旺盛的生命力和极高的美学价值。我国已栽培的花卉植物，初步统计原产我国的有113科523属，达数千种之多。

我国不仅是许多名花的原产地，在长期的生产实践中，人们还培育出许多新的栽培品种。如：菊花，据明朝李时珍记载已有300多个品种；芍药，据宋朝周师原记载有41个品种，而到清朝陈淏子的记载已有88个品种；凤仙花，据清朝赵学敏《凤仙谱》中记载已有133个品种。有些属我国所产种数虽不及半数或更少，却具有很高的观赏价值，如乌头属Aconitum、侧金盏花属Adonis、银莲花属Anemone、耧斗菜属Aquilegia、秋海棠属Begonia、百合属Lilium、芍药属Paeonia、蔷薇属Rosa等。这些属中都有常见栽培或具有观赏潜力尚待开发利用的种。我国原产的花卉为世界花卉业发展作出了巨大的贡献。据统计，北美洲引种的我国乔木、灌木有150种以上，意大利引种的我国观赏植物约1 000种，已知栽培的植物中德国有50%、荷兰有40%来源于我国。

可以认为，凡是进行植物引种的国家，几乎都有我国原产花卉的身影。同时，由于历代文人墨客、高雅之士寄情于花卉，诗词歌赋、绘画书法佳作不断，世代相传，形成了涉猎广泛，内容丰富，形式多样，应用普遍的中华花文化。我国花卉园林艺术日臻完美，久盛不衰，成为华夏文化宝库中的绚丽奇葩，成为我们中华民族的骄傲。

20世纪80年代以后，我国的花卉业发展十分迅速。花卉科学研究工作在农林、城建部门和科研院所逐渐开展起来，主要有传统名花的整理和新品种的选育、野生种的引种驯化、遗传改良及生物技术研究、商品化生产技术研究等，如：对梅花、荷花、菊花、牡丹、山茶、兰花、月季、百合、芍药等都进行了系统的研究，包括来源、资源分布、分类、品种和品种选育。在野生花卉的种质资源考察与搜集方面也开展了一些工作。在花卉的杂交育种方面也取得了显著的成绩，如：菊花育成了早菊、夏菊、国庆菊、地被菊，牡丹育成了花色新颖、抗逆性强的品种，梅花育成了抗寒性强的品种，还有月季、荷花、百合、君子兰、美人蕉、萱草、石蒜等都进行了杂交育种工作，获得了新的品种。随着我国植物新品种权保护环境的不断改善，国内高等院校、科研单位、植物园在花卉种质资源调查的基础上，都陆续建立了一大批种质资源库。如：中国科学院植物研究所的牡丹品种资源圃，收集保存牡丹品种613个；南京梅花山收集梅花品种200多个；无锡梅园收集梅花品种280个。

此外，珍稀濒危花卉种质资源的调查与保护工作，也越来越受到重视。如广西南宁市金花茶公园从20世纪80年代开始从事金花茶育种及繁殖研究，建立了金花茶基因库，库内已收集金花茶原种及变种33种，栽培树苗2万余株。总体来看，我国部分传统名贵花木、珍稀濒危花卉、特色花卉的种质资源调查与保护工作开展顺利，其中梅、木犀属、莲属、海棠、蜡梅等植物还先后获得了国际品种登录权威机构认证，这也标志着我国园艺界的国际地位在不断提高。未来农业、林业的发展，很大程度上取决于对种质资源的保护、挖掘和有效利用，谁占有数量多、种类多的种质资源，谁就有希望在未来农业、林业生产中作出贡献并占有主导权。

（三）种业发展存在的问题及相应的对策

2011年以来，我国种业科技创新有了较大进步，农业生产用种基本有保障。据有关资料，目前我国农作物自主选育品种面积占比超过95%，水稻、小麦两大粮食作物品种全部为自主选育品种。但也应当看到，我国除水稻外的其他粮食作物单产与世界先进水平还有差距；少数蔬菜和果树品种还不能很好满足市场多样化需求，尤其是一些适宜设施栽培、加工专用的蔬菜品种仍然依赖进口，我国优质种质资源与发达国家还有很大差距，核心技术原创不足、商业化育种体系不健全。制约种源的"卡脖子"问题，突出体现在以下几个方面：一是拥有的种质资源不少，但在优异基因资源的精准鉴定和发掘创新方面投入不够，导致种质创新的原创性技术不多、鉴定技术落后、鉴定平台缺乏。二是育成的农作物品种不少，但育成品种遗传基础狭窄，品种同质化现象严重，推广面积大、优质、高产、抗病兼顾的突破性品种并不多。三是"育繁推一体化"企业不少，但商业化育种体系健全的龙头企业不多，具备与国际种业公司抗衡的民族种业企业不多，企业品种创新的总体实力仍然不强。

1. 中国种子市场需求旺盛，国外企业占据优势地位

随着国际、国内种子市场竞争日益激烈及国外种子企业在中国本土化进程的加快，国内种子企业面临着严峻的发展形势。跨国公司的大量涌入，严重挤压了国内种子企业的生存空间，作为农业大国，中国种子市场容量很大，但商品率很低，种子产业整体实力十分薄弱。国外公司大举进军中国种子市场，其中美国排名前20位的种子企业垄断了中国种业市场份额的70%左右。中国虽然拥有世界上第二大的种子市场，但处于国际市场竞争的劣势地位。中国种子企业数量多、规模小、实力弱，在国际市场中缺乏竞争力。对于中国而言，维护种业安全和提高种子研发、生产、应用等核心竞争力已经迫在眉睫。迫切需要培育有规模、有实力，具有创新意识的民族种业集团，建立现代化的企业管理制度和集产研销于一体，加工、技术相融合的服务体系。

2. 加强种子经营管理体制改革，提高企业竞争力

以企业为主体，鼓励、扶持各种所有制企业建立现代企业管理制度；以产权制度改革为核心，激活种业生产要素市场，盘活存量资产，推进企业的重组、兼并，鼓励多种经济成分参与种业发展，转换经营机制，积极推行法人治理结构，促进国有种子公司从农业行政主管部门彻底剥离。鼓励发展各种所有制形式的种子企业，明确企业的市场主体地位，培植一批具有国际竞争力的现代化种子企业。通过市场机制，吸引社会各方面的资本投资种子产业，实现产权的多元化。要鼓励科研育种单位与种子企业的有机整合，提高企业的科技创新能力。要真正提升种业的国际竞争力，不仅要有优质的种子，更要有自主知识产权的种子产品、种子品牌、国际化种业公司，要重点支持大型龙头企业向国际化方向发展。

3. 建立和完善种业市场体系，加强执法体系建设

加强诚信机制建设，加强行业自律，充分发挥种业行业协会在种业建设和发展过程中的引导和服务作用。完善产权制度，保护种业市场主体合法权益。加大执法力度，严厉打击制售假劣种子种苗、侵害农民利益等违法行为。建立公平、开放、有序、统一的种业市场，加快市场信息网络建设，为农民和企业运行提供全面、及时、准确的信息服务。加强法规建设，依法清理和废止不利于种业发展的规定，依

据《中华人民共和国种子法》制定和完善配套的法规与技术标准，建立起新形势下具有我国特色的种业法律体系。各级农业部门要加强种子和种苗执法队伍建设，提高执法人员的素质和水平，依法行政；优化执法手段，保障执法经费；要加强对执法人员的培训和考核，坚决查处生产经营假劣种子坑农害农行为，整顿和维护种子和种苗的市场秩序；坚决纠正乱收费、滥罚款的不正之风，确保公正文明执法。

4. 提升种业科技创新能力，注重种业人才培养

中国种子的科研、生产、推广和销售长期以来是相互分离的，全国有超过450家科研院所从事种子研发，85%以上的现有品种出自农业科研单位，研发和产销脱节。从基础研究看，多数追求"短、平、快"，种质资源利用、生物技术应用、种子质量检验等公益性基础研究严重滞后。从应用研究看，缺乏统一布局和整合，使许多项目低水平重复，针对性不强，研究成果转化效率低。目前，国内各农业研究院所对种子生物技术应用和检验方法的研究尚处于初级阶段，研究队伍不稳定，研究力量薄弱，缺少系统的科研项目支撑。

在国内众多学术刊物中，《种子》是一本专业性的核心期刊，于1981年在贵州省贵阳市创刊，在种子科研领域，至今仍然没有一个专业期刊进入国家一级学术期刊，从侧面反映了中国种子科学研究基础薄，竞争力弱，研究水平与国际上研究现状差距较大（图9）。

种业是国际化大产业，其发展的基础是人才。研发团队在跨国种业公司中占据主导地位，成为公司核心竞争力的重要来源。与发达国家相比，中国种业起步较晚，在种业人才培养方面差距很大，2002年中国农业大学率先申报建立种子科学与工程专业，随后，其他一些农林院校与综合性大学相继开设种子科学相关专业，逐步形成从本科教学到博士培养的种子科学与工程专业学科。目前，已有30多所农业院校开设了种子科学与工程专业，为中国种业发展奠定了良好的人才基础。然而，在全国为数不多的农林院校中，种子专业作为后起之秀，还只是个"小专业"，其专业人才培养规模和质量还

图9 《种子》杂志第1期

远远落后于农学、园艺学、生物学、植物保护学等学科。

中国的种子企业，拥有本科学历的职工平均占比还不到25%，同时存在国内种业人才流失到国外企业的问题。当前，急需在种子专业人才培养体系、种子科学研究平台建设等多方面加大投入，加强种子科研投入和种子人才培养是中国种业奋起的根基。只有种子人才队伍壮大，才能创建高水平的种子科学研究团队，只有种子科技水平提高，才能推动中国种业的可持续发展。政府要增加投入，按资源配置特点，建设高标准的国家和区域性种质资源中心，建设国家和区域性科技创新中心，加快育种材料、基础理论、技术方法等关键性、公益性、基础性领域的研究和创新。要鼓励各种资本向育种和科研投资，重点培育开发拥有自主知识产权的品种，逐步确立企业在科技创新中的主体地位。同时加强知识产权的保护，充分利用法律武器，严厉打击和制裁种业领域的侵权行为，保护企业培育开发新品种的积极性和合法权益，支持企业提高科技创新能力。

5. 根源种业的发展需求，制定积极的发展政策

新型种业体系是一个完整的系统工程，包括农作物种质资源保护利用，种子科研、生产、经营、推广等产业链的多个环节。抓住国家政策向农业倾斜的有利时机，制定优惠的产业发展政策，积极拓宽投融资渠道，增加资金投入，要引导大型企业提高自主创新能力，完善服务网络，不断推进我国新型种业体系的建设。要紧紧围绕全局性、关键性、基础性、公益性环节，加大投资力度，强化基础设施建设，提高国家的宏观调控和监管能力，协调统一，整合种业资源，推进良种育、繁、推一体化，把管理和服务统一起来，提高产业的竞争力。

6. 加强种业资源的收集与保存，开展新技术研究

种业资源的收集与保存，是种业发展的首要条件。加强种质资源保护，探索优异基因资源的发掘创新。系统布局全国各类主要农作物种质资源长期库、中期库和短期库建设，补短板，并同步建立种质资源的基因型与表型数据库，创建种质资源管理与共享平台；建设水稻、小麦、玉米、大豆等主要农作物的高通量、规模化、智能化表型和基因型鉴定平台，开展优异基因资源规模化高效鉴定技术研究，发掘一批优异基因资源种质材料；根据各类作物产业发展需求，定向改良和创制一批优质、高产、抗逆、环境友好的优异新种质。

加强与常规育种技术相衔接的生物育种新技术研究。加强对杂种优势利用、定向生物诱变、高通量育种芯片、高效基因分型、高精度全基因组选择、高效基因编辑等生物育种关键新技术的研究，明确杂种优势形成、产量、品质与抗逆等重要性状协同调控机理、代谢调控及生物合成机制，重点突破我国生物育种原创性成果不足、重要基因缺乏等技术瓶颈，构筑农作物精准设计的遗传育种理论体系。

加强优质、高产、多抗、广适重大突破性新品种选育。围绕新时期我国农业产业发展重大需求，加快培育优质、高产、多抗、环境友好、资源高效、广适性强、适宜轻简栽培和机械化生产的突破性重大农作物新品种。

二 种质资源创新技术

（一）种质资源保存方法

1. 动物种质的主要保存方法

（1）活体保存

活体保存分为原地活体保存和异地活体保存。通过在动物资源的原产地建立自然保护区进行保存叫原地活体保存。因动物原来的栖息地受到某些原因的破坏，不再适合本物种的生长，而人为地寻找环境气候相近的地区对动物进行保存的方法叫异地活体保存。

（2）冷冻保存技术

冷冻保存技术分为精子的冷冻保存和胚胎的冷冻保存。精子的冷冻保存是利用液氮（-196℃）或其他制冷设备作为冷源，将精液经过特殊处理后，保存在超低温的环境中以达到长期保存的目的，是动物品种遗传物质长期保存的一种方式。胚胎的冷冻保存是将胚胎和冷冻液装入冷冻管中，经过慢速（第2、第3天的胚胎）和快速（第5、第6天的囊胚）两种降温方式使胚胎能静止下来，并可在-196℃的液氮中保存的一种方法。

2. 植物种质的主要保存方法

（1）原地保存

根据发现植物的所在地或与所在地的天然生态环境相似的地区划为保护区进行保存，如国家级公园、国家级自然保护区等方式，但这种保存方式很难完全以人力来进行控制。

（2）集中建园（圃）保存

以植物园、标本园、果园、品种圃等形式保存，国外如马来西亚的油椰子种子园、印度尼西亚的可可椰子园、菲律宾的香蕉园等；国内主要是建圃保存，根据级别的不同可以分为国家圃、农业农村部资源圃、省级资源圃等。这种园（圃）通过系统的管理栽培容易获得经济效益。

（3）室内集中保存

室内集中保存，根据保存植物的组织器官不同，可以分为几个方面。

枝条、根和芽的保存：对于遗传质复杂的多年生植物，尤其是特别强调品种特性的果树而言，用枝条和芽长久保存是很实用的，但保存期间需注意防止菌类侵害及贮存时的冷害、维持适宜水分、贮存期间萌活性等。目前温带果树，如苹果、葡萄、柿、李的枝条已可保存1年以上，梨经过2年的-10℃贮存，其嫁接成活率和新采的接穗并无显著差异。利用液氮来贮存园艺植物也出现差强人意的结果，苹果叶芽相当耐寒不需要使用抗冻剂可直接置入液氮中，但在放入之前须缓慢降温到-40℃；而对于热带植物的常绿果树则不同，采样季节、部位及贮存温度等因素都要特别慎重，如处理恰当，还是有成功的希望。如茶树的带叶枝条可保存1年以上。根的贮存对于不需要嫁接的树种或砧木，其利用的可行性也很高，根据日本学者的研究，茶树根用塑料袋包装在0~5℃下保存，其保存期可达3年。

种子保存：种子保存时必须有相当数量，才能保存全部或大部分基因。驯化种子类植物的种源保存采用室内保存更方便，科学家们也研究出一套完整健全的保存方法，并对漆树科杧果，桦木科欧洲榛子，柿树科柿，大戟科油桐及巴西橡树，山毛榉科板栗、栓皮栎和黑栎，金丝桃科山竹，胡桃科美国山核桃和核桃，樟科油梨，桑科波罗蜜，棕榈科可可椰子、椰子，蔷薇科枇杷，茜草科咖啡，芸香科酸橙、柠檬和甜橙，无患子科龙眼等园艺植物的种质保存期进行了研究，其结果是保存期最长者可达5年，最短者只有20天，绝大多数种子保存期为1个月。园艺植物种质资源长期保存需要10年以上，中期保存需要5年以上，短期保存需要1年以上。种子不易保存的原因是因种子大，表体比率小失水速率慢；内部间水分运输困难；胞间连丝在加热烘干时被打断并失去发芽功能；不适应干燥或浸水速率，种皮不透水，故干燥和浸水不容易；细胞内部构造物质，如酶或构造蛋白质等干燥过程中永远变质等。目前有些被列为难驯化种子可能是因种子太大，种皮不透水或干燥与浸水时的最佳条件尚未找出的缘故。如果是因为种子太大与内部传送不易，可考虑采用胚单独干燥贮存等方式。可喜的是发现了有些过去被认为难驯化的种子，如柑橘实际上是可以干燥驯化的种子，只是过去因处理不当才发生误会。

花粉保存：花粉的缺点是只有半套基因，能再生成植株的花粉保存才更具有价值。人工花粉贮存的记录可追溯到2 000年以前，目的在于授粉，在不同花期或授粉不良时使用，解决花期不同的矛盾，可随时进行杂交授粉，花粉具半套基因稳定且体积小，便于运输。对于某些种子寿命不长的农作物和园艺植物而言，花粉是理想的基因保存介质。相对湿度在10%~30%，较适宜常温下寿命通常少于3年，4℃可保存2~3年，-20℃可保持5年以上，虽然随着温度降低保存年限也随之增长，但对木本科植物而言，0℃以下的温度是有害的，最近科学家们认为采用快速降温，配合快速解冻可以使花粉在超低温下保活性，这对温度较敏感的植物来说是有希望的方法。降低氧气浓度，提高二氧化碳浓度，甚至无氧，均有利于花粉的长期保存。冷冻干燥法也是有潜力的保存方法，温带果树的桃和梨用此方法保存了10年之久，热带果树的油梨用液氮在0%相对湿度条件下保存1年，花粉仍然可以授粉成功。

外植体培养保存：通常采用原生质体、未分化的细胞与愈伤组织分化的芽和胚等进行组织培养保存，但理想的是茎顶和分生组织，因为它们不但在遗传或形态上较细胞或其他部位稳定，且一般不受病虫感染，优点是再生容易。保存方式最好利用冷冻保存（-196℃液氮保存），这种保存方法不但能使生长停止，而且不用继代培养，又能减少植物体突变的机会而达到基因稳定的目的，是基础收集期的最佳方法。目前在茎顶及分生组织方面的研究已获成功，另外对各种园艺植物的研究已有所收获，最近10多年国际植物遗传资源委员会（IBPGR）曾对园艺植物外植体保存研究的优先顺序进行排列，可可、柑橘和香蕉的保存效果最佳，其次为葡萄和椰子等，最后为面包果和巴西橡树。

（二）种质资源繁育体系

1. 动物繁育技术

从传统的人工授精到现在的性别控制技术、体外受精胚胎移植技术（IVF-ET）、超数排卵胚胎移植技术（MOET）等高新繁殖技术，使得家畜繁殖的速度更快，生产性能更高，繁殖准确性更好，在人工授精、胚胎移植等动物繁殖技术中占有重要地位。

（1）人工授精技术

从精液的采集，到品质检查稀释和保存，最后将解冻的精液输入母畜特定部位授精的一门技术。

（2）发情诊断与早期妊娠诊断技术

利用外部检查法、试情法、阴道检查法、直肠检查法、激素测定法等来鉴定母畜是否发情妊娠，以提高繁殖力的技术。

（3）发情控制技术

通过采用某些激素、药物或饲养管理措施人工控制母畜个体或群体发情并排卵的应用技术，包括诱导发情、同期发情和超排等技术。

（4）胚胎移植技术

将优秀供体的可用胚胎通过手术或非手术操作移植到处于相同生理阶段受体内的特定部位，以获得优秀个体的方法。

（5）体外受精技术

通过人为措施使精子和卵子在体外合适的环境条件下结合受精，主要包括卵子的成熟培养、精子的获能处理、受精和早期胚胎培养等连续过程。

（6）干细胞技术

利用干细胞的自我更新能力、高度增殖及多向分化的特点，在体外繁育出全新的、正常的细胞、组织或器官的技术。

（7）克隆技术

不经精子、卵子结合的受精过程，使遗传物得到完全表达的一门技术，包括供体核分离、受体细胞去核、核卵重组、融合、移植等技术。

（8）转基因技术

将功能性外源基因导入受体，并得以表达的技术。

（9）配子与胚胎的保存技术

运用低温、超低温等方法保存配子或胚胎，以便于运输的技术。

（10）性别控制与鉴别技术

利用现代生物技术，有目的地控制动物后代的性别比例，显著提高畜牧业经济效益的生物工程技术。

2. 植物繁育技术

繁育技术主要有实生繁殖、压条、扦插、嫁接、组织培养等。

（1）实生繁殖

实生繁殖是收集该品种的种子，通过相关的处理，选择合适的生长环境进行播种生长，从而开花结果的过程。

（2）压条

取接近地面的枝条作为压条，在压条部位的节下予以刻伤或环剥，然后曲枝压入土中，顶端露出地面，以木钩或竹钩固定部位，覆土压紧。①堆土压条多用于分枝多的直立灌木。在丛生枝条的基部堆上，促使一些萌蘖条的基部生根，翌年秋季可切离母株而分栽，成为一株独立的植株。②波状压条将植株枝条弯曲牵引到地面，在枝条上割伤数处，但都必须在节上割伤，然后以土埋压割伤部分，翌年生根抽枝后，将有新根及新梢的部分切断分栽，即成为一个独立完整的植株。③高空压条多用于植株较直立，枝条较硬而不易弯曲，又不易发生萌条的种类。在当年生的枝条中，选取老熟健壮、芽饱满的枝条进行环状剥皮，然后用塑料薄膜包住环剥处，环剥的下部用绳扎紧，内填以湿度适宜的盆栽土，填土压紧后将上口也扎紧，1个月后可生新根，生根后将塑料薄膜解除，在新生根的下部剪下栽植，就成一独立的植株。

（3）扦插

扦插可以采用茎、叶、根、鳞片、芽等材料进行扦插。通过截取一段植株营养器官，插入疏松润湿的土壤或细沙中，利用其再生能力，使之生根抽枝，成为新植株。

（4）嫁接

嫁接是用植物营养器官的一部分，移接于其他植物体上。用于嫁接的枝条称接穗，所用的芽称接芽，被嫁接的植株称砧木，接活后的苗称嫁接苗。

（5）组织培养

组织培养是指通过无菌操作分离植物体的一部分（即外植体explant），接种到含有一定植物生长调节剂的培养基上，在人工控制的条件下进行培养，使其生成完整的植株。

3. 加强种质资源繁育体系的主要方法

（1）加强原种基地建设

原原种和原种基地的建设是一项长期工作，要随着农业的发展而对种子的品种和种子的种植区域进行更新和完善。加强对原原种和原种基地的建设，可以为农业的种植提供高品质的优良种子。这类种子的产量高、抗病性强，可以满足农业行业发展过程中对种子的需求，可以将优良品质的种子快速推广出去，促进种子市场的发展，提升市场中整体的种子质量。

一直以来，许多种子研发部门一直为农作物种植区和种子的经营部门提供原原种，有效促进了良种繁育体系的建设。近年来，农业行业优良种子的推广和生产已经有了实质性的进展，优良种子的种植范围不断扩大，新品种的种类也不断增加，新品种在种植的过程中适应能力、抗病虫害能力、抗干扰能力都比较强，而且产量也非常高，在农业种植中应用比较广泛。

（2）加强生产者的技术培训

良种生产是一个技术集合体，农业良种化工程是一项系统工程，包括良种引育、生产繁殖、加工包装、推广、销售和宏观管理五个系统，以及种质资源保存、育种、区试、审定、原种繁殖、种子生产、收购、贮藏、精选包衣、包装、标牌、检验、销售和售后服务等环节。由此良种繁育体系是一个技术性很强的体系，必须要有专业技术人员才能做好。

（3）严格种子生产审批和监管力度

我国颁布了相关法律和法规对种子的生产和经营进行约束，以适应种业发展的需求。新的法律内容对种子种植过程中使用的基础设施、技术人员和繁育条件有新的要求。如果在生产的过程中，使用的设备不符合种植要求、技术人员的种植繁育技术没有达到一定水平、没有按照种子的正确生产流程进行种子的种植、没有对种子进行检疫工作、不能保证种子的生产质量等，存在其中的任何一个问题都无法通过审核。所以，对种子的生产进行严格控制主要就是为了提高种子的质量，保证种子生产过程中的规范化操作，在源头上对种子的质量进行把控，有效提高种子的生产水平。《种子法》的实施打破了专营和垄断，放开了种子市场，使原以行政区域"画地为牢"的经营格局被打破。这使种子的生产、经营空前活跃，极大地促进了种子产业的发展。但同时也出现了新的问题，由于市场的放开和利益的驱动，种子的生产、经营表现出很大的随意性，在现有监管力度不够的情况下，私自繁育种子现象还经常发生。因此，必须加大监管力度，对不具备生产条件、无法保证种子质量的生产单位和个人要严格处罚，对伪造、变造、买卖、租借种子生产许可证的现象要坚决打击，从而使种子生产和经营秩序得到改善，保证种子生产质量，保护消费者权益。

（三）种质资源保护体系

1. 推动完善畜禽遗传资源保护体系

对猪、牛、羊、鸡、鸭、鹅等畜禽遗传资源，主要采取活体保护和遗传材料超低温保存两种方式进行保护。其中，活体保护通过畜禽遗传资源保种场、保护区和活体基因库实现，遗传材料超低温保存主要是通过遗传材料基因库保存动物精液、胚胎及体细胞等遗传材料。经过多年发展，我国已经建成了167个国家级保种场、26个保护区、6个基因库和458个省级保种场（区、库）相衔接的保护设施，初步形成比较完整的原产地保护和异地保护相结合、活体保种和遗传物质保存互为补充的畜禽遗传资源保护体系。其中，国家家畜基因库以精液、胚胎、细胞等体外保存种质形式战略保存了遗传材料96万多份。

下一步，将对畜禽遗传资源实行分级保护，国家级保护品种以国家为主，省级保护品种以地方为主，重点是科学规划布局，构建好"三道保护屏障"。第一道即在畜禽遗传资源原产地建设活体保种场，对于分布面积大、集中饲养困难的品种可建设保护区；第二道即在重点省区建设区域级基因库，同时具备超低温保存和活体保存条件，辐射邻近省份；第三道即最后一道屏障，建设国家级畜禽基因库，实现对畜禽遗传资源的长期战略性保存。"十四五"期间，将重点建成国家畜禽种质资源库，统筹建设国家家禽基因库、8个国家区域级基因库和86个保种场（区），健全畜禽种质资源保护体系。

2. 建立健全水产种质资源保护体系

水产种质资源保护体系包括两个部分，一类是渔业生物种质资源库，主要保存经济类、珍稀类、濒危类的水产物种及其他相关水生生物，保存形式包括分子、细胞、组织、活体及种群样本等；另一类是种质资源场，负责收集、保存我国主要水生生物种类、水产新品种和重点引进养殖种类的种质资源。经过多年建设，全国现有国家级水产原良种场80多家，省级水产原良种场800家。2018年建设的国家海洋渔业种质资源库，包括海洋渔业生物基因资源库、生物细胞资源库、微生物资源库、生物活体库、群体资源库及种质资源数据处理中心等。下一步，将根据我国渔业生物资源种类、分布、特点及建设基础条件，结合渔业种质资源保存现状和需求，分区域、有重点建设一批种质资源库和种质资源场，重点对主要水生生物种类和引进养殖种类进行收集、整理、鉴定、保存工作，为种质资源保护与品种改良提供遗传材料。

"十四五"期间，将重点建设1个淡水渔业种质资源库、10个种质资源分库、73个种质资源场，形成比较完善的水产种质资源保护体系。建好种子库是前提，收集保存种质资源是关键。我们将利用3年时间，推进全国农业种质资源调查，摸清农作物、畜禽和水产种质资源家底，抢救性收集保存一批珍贵稀有濒危种质资源；

加强国际合作交流，交换引入一批优异资源，纳入种质资源库（场、区、圃）长期保存，丰富我国种子库战略储备。同时，做好种质资源登记、鉴定工作，促进种质资源交流共享、开发利用，为打赢种业翻身仗夯实种质资源基础。

3. 加快完善农作物种质资源保护体系

作物种质资源保护主要采取资源库和资源圃保存两种方式，对有性繁殖材料，如水稻、小麦、玉米、大豆等作物种子，采取资源库保存方式；对无性繁殖的果树、多年生作物等，采取资源圃保存方式。经过多年建设，我国已初步形成以1个国家作物种质资源长期库、1个复份库、53个中期库（圃）为支撑，214个原生境保护区为补充的作物种质资源保护体系。其中，国家作物种质资源长期库战略保存资源总量达52万份，位居世界第二位，将以建设国家作物种质资源保存体系为主，同时鼓励和支持地方因地制宜建设保存体系。

国家级作物种质保存体系主要包括三个方面，一是以国家作物种质资源长期库为核心，实现对资源长期战略保存；二是在适宜区域建设备份库，实现对资源战略性安全保存；三是根据生态类型和区域特点布局建设一批资源中期库、资源圃和原生境保护区，向长期库和备份库输送资源的同时，为育种家分发共享利用资源，服务种业创新。"十四五"期间，将重点改扩建24个资源库（圃）、新建22个资源库（圃）和27个原生境保护区，基本建成作物种质资源保护体系。

（四）种质资源前沿攻关技术

种子是高产稳产高效的核心，种业是国际科技竞争的前沿。中国科学院院士李家洋认为，优良种子带来的增产增收效益将越来越大。在中国，种子技术对农业增产的贡献率为40%左右，还有很大的提高空间。没有一流的种业，就没有农业科技现代化，国际农业技术竞争的重中之重是动植物种业核心材料、重大核心技术和重大战略新品种。育种技术是国际种业企业巨头竞争的核心战略，以核心种质为重点的基因产品知识产权已经成为跨国种业公司保持市场竞争优势的有力武器。

中国农业大学教授、国家农业科技战略研究院院长高旺盛认为，种业发展可以分为四个阶段，1.0时代是农家育种，2.0时代是杂交育种，3.0时代是分子育种包括分子标记、转基因、基因编辑育种等，4.0时代是"生物技术+人工智能+大数据信息技术"育种。目前发达国家已进入种业4.0时代，我国还在2.0至3.0时代。

中国工程院院士、中国农业科学院副院长万建民认为，当前迫切需要推动实现种业跨越式发展。3.0时代的分子设计育种即在全基因组序列的基础上，根据事先进行的虚拟基因组设计方案，通过优化选择最佳亲本基因组组合、杂交和分子标记选择等先进技术，聚合大量有益基因，从而培育高产、优质、高抗、高效的优良新品种。与传统育种技术相比，3.0时代的分子设计育种能够实现从"经验育种"到定向高效的"精确育种"转变，不仅能在很大程度上减少常规育种的盲目性，而且可以大幅提高育种效率，创制高产优质多抗新品种，新技术或让我国种业实现弯道超车。在中国科学院上海植物逆境生物学研究中心主任、美国科学院院士朱健康看来，生物育种技术用好了，我国就能够解决农业面临的种业瓶颈问题。如果靠传统育种，要赶上国外种业的技术水平需要很多年，但新的育种技术应用可以让我们缩短育种时间。我国种业自主创新能力还不强，特别是在育种理论和关键核心技术方面，我国和先进水平相比还有比较大的差距。与国际相比较，我国生物种业目前还是"模仿跟踪多自主创新少、基因登记数量多实际转育少、发表论文多知识产权少、种子公司多创新企业少"的局面。

近年来，在水稻育种基础研究方面，我国取得了一定的成绩。如中国农业科学院通过建立功能基因组学、蛋白组学、代谢组学等研究平台，成功解析水稻产量、外观、株型和抗性等重要性状形成的分子基础，建立了"分子模块"到"设计型品种"的现代生物技术育种创新体系，整体处于国际领先水平。我国在水稻功能基因组及杂交水稻等研究领域取得多项世界领先水平成果，但在种质资源挖掘利用、现代育种技术应用及优质品种选育推广等方面与国际先进水平还有距离。进入新阶段，要持续推进种业高质量发展，就要集中资源和力量联合攻关。重组构建新一代国家生物种业创新体系，组织实施国家种业科技创新工程，强化基因编辑、动物干细胞、合成生物学等基础前沿技术原创性突破，培育一批具有自主知识产权的核心种质资源和重大战略性新品种，加快转基因生物育种科学有序产业化应用进程。

未来要加大对自主知识产权生物育种核心技术和产品的研发，在尊重科学和严格监管下开展生物育种产业化应用。持续开展主要粮食作物、特色作物和畜禽水产育种联合攻关，加快培育高产高效、绿色优质、节水节肥、宜机宜饲、专用特用新品种，满足多元化需求。同时，强化育种遗传基础、分子育种技术等前沿性公益性研究。

（五）种业数字化技术

中国种业正面临前所未有的机遇与挑战。数字化时代已经来临，数字计算机应用已经辐射到种植行业。能否完成数字化转化工作，成为种业未来发展的重要影响因素。电子计算机和生物工程的发明和应用，是人类文明第三次科技革命的主要标志。

现代信息技术和生物技术，是构建现代化作物育种平台的根本方法。大数据是与材料和能源一样重要的新型战略资源。信息化是育种的主流趋势和必然选择。而信息化育种平台较少，严重制约了中国现代种业的发展。在大数据背景下，推动作物育种由3.0时代的分子设计育种，转变为4.0时代的信息化育种。这是农业育种机构近期面临的关键问题。

1. 信息化在育种中的应用

（1）种质资源管理和数据采集

种质资源管理工作，对于作物育种来说是一项基础性工作。传统种质资源管理耗费大量人力物力。信息数据收集缓慢，且资源库信息传递易受种质管理人员流动的影响。采用信息技术对种质资源进行管理，可以实现种质资源快速查询、高效利用。育种亲本性状调查与比较、后代的表现与分离，以及实验室检测等各个环节，都要大量采集数据。传统数据获取的方法劳动强度大、时间长、操作要求高，易受主观因素影响，限制育种规模化发展。在短时间内很难准确对试验点数据进行分析和比较。

目前许多国家已开始将现代信息技术、传感技术、自动化技术，应用到育种中，并开发出一系列适用于育种环节的智能检测辅助仪器设备。依托信息化智能化产品设备，可以减小劳动强度、降低投入成本，大大提高育种效率，加速育种进程，同时，数字图像处理技术在病害诊断、籽粒发芽监测等方面应用日益广泛。采用先进的图像扫描技术，可以准确地获得农作物的形貌特征数据。

（2）系谱分析选配亲本

动物及农作物新品种培育，普遍存在遗传背景狭窄、遗传多样性不够丰富的问题。多数品种亲缘关系较近，在育种中迫切需要引入新的种质资源或基因，拓宽遗传背景。系谱图可以有效记载家族各世代成员及亲属关系，指导杂交育种和亲本选配的基础信息。在传统育种中，系谱图通过手绘或普通电脑作图软件查询绘制，烦琐且费时费力。利用信息化数据设计系谱图绘制软件，可快速轻松获得系谱图，为杂交育种中亲本选配提供详细资料。

（3）数据分析与试验设计

农作物品种审定（认定），需要经过申请和受理、品种试验、审定与公告等环节。其中品种试验包括区域试验、生产试验和DUS测试三个部分。对于育种单位来说，品种参试步骤繁多，且涉及知识产权责任重大，进程管理变得十分重要。随着改革的深入，国家农业部门拓宽了试验渠道、简化了试验程序、缩短了试验审定时间。面对诸多的作物类型和大量涌现的新品系，迫切需要专业的信息化平台，对品系参试进程进行记录、审核、跟踪管理。常用的数理统计软件如DPS、SPSS、SAS等，已具备试验设计功能。Design Expert等专业试验设计软件，可通过两级因子筛选设计、一般因子研究、混合物设计技术及分割图设计和分析等功能，帮助操作者提高试验速率。

2. 信息化育种实施步骤和要点

（1）育种软件开发和利用

国际种业巨头纷纷采用现代信息技术开展智能育种，加快"经验育种"向"精确育种"的转变。目前，市场上的主流商业化育种软件产品有十余种。国内仅有金种子育种平台和农博士两款。托普云农公司开发的种质资源库管理系统（TPZY-CV2.0），主要用于作物种质及中间材料等种质资源的信息化管理。作为育种机构，目前可以先引进一些有成功案例的育种软件，或信息管理系统进行应用。例如：农博士育种家软件V1.0、数据采集系统及条码打印机，可以完成单个作物育种课题组的信息化育种管理。在今后可以根据实际需要，利用R语言等开源软件，设计和开发有自主知识产权的育种软件和数据平台。

（2）管理规范化与流程信息化相互促进

无论是育种企业还是政府育种机构，行政管理规范化都是促进信息化的有效手段。在育种品系参试申报和植物新品种保护申报过程中，都需要加盖单位公章。在这个过程中，可以将信息化的工作落实到各育种课题，保证所有签批事项中所涉及的信息均已录入信息管理系统。从品种试验信息管理，到种质资源库管理再到产业化跟踪管理循序渐进，实现作物育种全流程信息化。

（3）信息化人才的引进和培养

作物育种信息化的实施，需要有既懂作物育种又懂计算机科学的复合型人才。在对育种信息进行采集和整理的过程中，能够熟练使用育种软件。并且还需要实现各种自动化采集设备的数据对接。目前多数应用型农业科研机构，缺乏此类复合型人才。省级以上科研院所拥有的生物信息学专业人才侧重基础研究，在品种选育方面缺乏足够的经验。因此应在今后的人才培养过程中，重视原有育种人员的信息技术培养，使其在原有育种经验的基础上，能熟练掌握信息化技巧，推进信息技术在作物育种中普及。

（4）信息共享与交流

数据公开、软件开源与数据共享，已经成为科技发展的重要潮流。为促进作物育种创新，育种机构应该抓住中国种业大数据平台等免费数据平台的利好。作为农业领域的高新技术企业，创建智慧育种设施——智能光照培养箱、智能人工气候室。模拟自然作物生长所需光照、温度、湿度、循环风及新风等要素，按照无菌要求，充分满足作物生长所需营养，改变传统育种易受自然环境影响的状态。更重要的是，育种再也不用驻扎田间，通过数据屏幕即可掌握培养箱、气候室里作物生长状态，实现无人值守运行。除了育种，在考种测产方面，同样可以用众多智能设备，智能考种分析系统可测量各种表面光滑的农作物籽粒数量，并进行粒型比对，选育出更高质量产品。未来的育种也好，种植也好，养殖也好，必将不断地走向数字化和智能化。农业生产将逐步走出靠天吃饭的窘境，生物育种加速进入生物技术、信息技术和人工智能技术等深度交叉融合的4.0时代。比较优势就是专业的人做专业的事，但是从系统论的角度，对于中国现代种业发展，迫切需要融合各种现代生产要素，加速科技创新，建立未来种业发展的信息之树。

三 种质资源圃建设

（一）国家级农作物种质资源库

国家级农作物种质资源库（圃）共72个（表4）。

表4　国家级农作物种质资源库（圃）名单

序号	国家级库（圃）名称	建设依托单位	所在地
1	国家农作物种质资源库	中国农业科学院作物科学研究所	北京市
2	国家粮食作物种质资源中期库（北京）	中国农业科学院作物科学研究所	北京市
3	国家蔬菜种质资源中期库（北京）	中国农业科学院蔬菜花卉研究所	北京市
4	国家多年生蔬菜种质资源圃（北京）	中国农业科学院蔬菜花卉研究所	北京市
5	国家多年生草本花卉种质资源圃（北京）	中国农业科学院蔬菜花卉研究所	北京市
6	国家桃草莓种质资源圃（北京）	北京市农林科学院林业果树研究所	北京市
7	国家小麦野生近缘植物种质资源圃（廊坊）	中国农业科学院作物科学研究所	河北省廊坊市
8	国家枣葡萄种质资源圃（太谷）	山西农业大学果树研究所	山西省太谷县
9	国家特色杂粮作物种质资源中期库（太原）	山西农业大学农业基因资源研究中心	山西省太原市
10	国家北方饲草种质资源中期库（呼和浩特）	中国农业科学院草原研究所	内蒙古自治区呼和浩特市
11	国家多年生饲草种质资源圃（呼和浩特）	中国农业科学院草原研究所	内蒙古自治区呼和浩特市
12	国家梨苹果种质资源圃（兴城）	中国农业科学院果树研究所	辽宁省兴城市
13	国家山楂种质资源圃（沈阳）	沈阳农业大学	辽宁省沈阳市
14	国家李杏种质资源圃（熊岳）	辽宁省果树科学研究所	辽宁省营口市
15	国家山葡萄种质资源圃（左家）	中国农业科学院特产研究所	吉林省吉林市
16	国家寒地果树种质资源圃（公主岭）	吉林省农业科学院	吉林省公主岭市

续表

序号	国家级库（圃）名称	建设依托单位	所在地
17	国家甜菜种质资源中期库（哈尔滨）	黑龙江大学	黑龙江省哈尔滨市
18	国家马铃薯种质资源试管苗库（克山）	黑龙江省农业科学院克山分院	黑龙江省克山县
19	国家寒带作物及大豆种质资源中期库（哈尔滨）	黑龙江省农业科学院草业研究所	黑龙江省哈尔滨市
20	国家都市特色作物种质资源中期库（上海）	上海市农业生物基因中心	上海市
21	国家甘薯种质资源试管苗库（徐州）	江苏徐怀地区徐州农业科学研究所	江苏省徐州市
22	国家桑树种质资源圃（镇江）	中国农业科学院蚕业研究所	江苏省镇江市
23	国家桃草莓种质资源圃（南京）	江苏省农业科学院	江苏省南京市
24	国家果梅杨梅种质资源圃（南京）	南京农业大学	江苏省南京市
25	国家南方草本花卉种质资源圃（南京）	南京农业大学	江苏省南京市
26	国家水稻种质资源中期库（杭州）	中国水稻研究所	浙江省杭州市
27	国家茶树种质资源圃（杭州）	浙江省农业科学院茶叶研究所	浙江省杭州市
28	国家中原山地特色园艺作物种质资源圃（合肥）	安徽农业大学	安徽省合肥市
29	国家龙眼枇杷种质资源圃（福州）	福建省农业科学院果树研究所	福建省福州市
30	国家红萍种质资源圃（福州）	福建省农业科学院农业生态研究所	福建省福州市
31	国家闽台特色作物种质资源圃（漳州）	福建省农业科学院亚热带农业研究所	福建省漳州市
32	国家东南山地作物种质资源圃（宜春）	江西省农业科学院园艺研究所	江西省宜春市
33	国家烟草种质资源中期库（青岛）	中国农业科学院烟草研究所	山东省青岛市
34	国家核桃板栗种质资源圃（泰安）	山东省农业科学院果树研究所	山东省泰安市
35	国家耐盐碱作物种质资源圃（东营）	山东省农业科学院	山东省东营市

续表

序号	国家级库（圃）名称	建设依托单位	所在地
36	国家棉花种质资源中期库（安阳）	中国农业科学院棉花研究所	河南省安阳市
37	国家西瓜甜瓜种质资源中期库（郑州）	中国农业科学院郑州果树研究所	河南省郑州市
38	国家桃葡萄种质资源圃（郑州）	中国农业科学院郑州果树研究所	河南省郑州市
39	国家油料作物种质资源中期库（武汉）	中国农业科学院油料作物研究所	湖北省武汉市
40	国家野生花生种质资源圃（武昌）	中国农业科学院油料作物研究所	湖北省武汉市
41	国家水生蔬菜种质资源圃（武汉）	武汉市农业科学院	湖北省武汉市
42	国家猕猴桃种质资源圃（武汉）	中国科学院武汉植物园	湖北省武汉市
43	国家沙梨种质资源圃（武汉）	湖北省农业科学院果树茶叶研究所	湖北省武汉市
44	国家麻类作物种质资源中期库（长沙）	中国农业科学院麻类研究所	湖南省长沙市
45	国家苎麻种质资源圃（沅江）	中国农业科学院麻类研究所	湖南省沅江市
46	国家小叶茶树种质资源圃（长沙）	湖南省茶叶研究所	湖南省长沙市
47	国家野生稻种质资源圃（广州）	广东省农业科学院水稻研究所	广东省广州市
48	国家荔枝香蕉种质资源圃（广州）	广东省农业科学院果树研究所	广东省广州市
49	国家甘薯种质资源圃（广州）	广东省农业科学院作物研究所	广东省广州市
50	国家热带果树种质资源圃（湛江）	中国热带农业科学研究院南亚热带作物研究所	广东省湛江市
51	国家野生稻种质资源圃（南宁）	广西壮族自治区农业科学院	广西壮族自治区南宁市
52	国家杧果种质资源圃（田东）	中国热带农业科学院热带作物品种资源研究所	广西壮族自治区田东县
53	国家野生棉种质资源圃（三亚）	中国农业科学院棉花研究所	海南省三亚市
54	国家热带饲草种质资源圃（儋州）	中国热带农业科学院热带作物品种资源研究所	海南省儋州市

续表

序号	国家级库（圃）名称	建设依托单位	所在地
55	国家橡胶种质资源圃（儋州）	中国热带农业科学研究院橡胶研究所	海南省儋州市
56	国家木薯种质资源圃（儋州）	中国热带农业科学研究院热带作物品种资源研究所	海南省儋州市
57	国家热带棕榈种质资源圃（文昌）	中国热带农业科学研究院椰子研究所	海南省文昌市
58	国家热带香料饮料种质资源圃（万宁）	中国热带农业科学研究院香料饮料研究所	海南省万宁市
59	国家柑橘种质资源圃（重庆）	中国农业科学院柑橘研究所	重庆市
60	国家西南特色园艺作物种质资源圃（成都）	四川省农业科学院园艺研究所	四川省成都市
61	国家云贵高原特色作物种质资源圃（贵阳）	贵州大学	贵州省贵阳市
62	国家云南特有果树种质资源圃（昆明）	云南省农业科学院园艺作物研究所	云南省昆明市
63	国家甘蔗种质资源圃（开远）	云南省农业科学院甘蔗研究所	云南省开远市
64	国家大叶茶树种质资源圃（西双版纳）	云南省农业科学院茶叶研究所	云南省西双版纳州勐海县
65	国家青藏高原作物种质资源圃（拉萨）	西藏自治区农牧科学研究院	西藏自治区拉萨市
66	国家青藏高原作物种质资源中期库（拉萨）	西藏自治区农牧科学研究院	西藏自治区拉萨市
67	国家柿种质资源圃（杨凌）	西北农林科技大学	陕西省咸阳市
68	国家农作物种质资源复份库（西宁）	青海大学农林科学院（青海省农林科学院）	青海省西宁市
69	国家枸杞葡萄种质资源圃（银川）	宁夏农林科学院枸杞科学研究所、宁夏农林科学院园艺研究所	宁夏回族自治区银川市
70	国家新疆特有果树种质资源圃（轮台）	新疆农业科学院轮台果树资源圃	新疆维吾尔自治区巴音郭楞蒙古自治州轮台县
71	国家野生苹果种质资源圃（伊犁）	伊犁哈萨克自治州农业科学研究所	新疆维吾尔自治区伊犁州
72	国家中亚特色作物种质资源中期库（乌鲁木齐）	新疆农业科学院农作物品种资源研究所	新疆维吾尔自治区乌鲁木齐市

（二）国家级农业微生物种质资源库

国家级农业微生物种质资源库共19个（表5）。

表5 国家级农业微生物种质资源库名单

序号	国家级库（圃）名称	建设依托单位	所在地
1	国家农业微生物种质资源库	中国农业科学院农业资源与农业区划研究所	北京市
2	国家食用菌种质资源库（吉林）	吉林农业大学	吉林省
3	国家食用菌种质资源库（上海）	上海市农业科学院	上海市
4	国家食用菌种质资源库（贵州）	贵州省农业科学院	贵州省
5	国家食用菌种质资源库（云南）	云南省农业科学院生物技术与种质资源研究所	云南省
6	国家肥料微生物种质资源库（湖北）	华中农业大学	湖北省
7	国家肥料微生物种质资源库（海南）	中国热带农业科学院环境与植物保护研究所	海南省
8	国家饲料微生物种质资源库（北京）	中国农业科学院北京畜牧兽医研究所	北京市
9	国家饲料微生物种质资源库（内蒙古）	内蒙古农业大学	内蒙古自治区
10	国家植保微生物种质资源库（河北）	河北省农林科学院植物保护研究所	河北省
11	国家植保微生物种质资源库（湖北）	湖北省农业科学院	湖北省
12	国家植保微生物种质资源库（山东）	山东农业大学	山东省
13	国家植保微生物种质资源库（安徽）	安徽农业大学	安徽省
14	国家农业环境微生物种质资源库（广东）	广东省农业科学院农业资源与环境研究所	广东省
15	国家农业环境微生物种质资源库（四川）	农业农村部沼气科学研究所	四川省
16	国家农业环境微生物种质资源库（广西）	广西壮族自治区农业科学院	广西壮族自治区
17	国家农业环境微生物种质资源库（山东）	中国农业科学院烟草研究所	山东省
18	国家畜禽水产微生物种质资源库（北京）	中国农业科学院饲料研究所	北京市
19	国家农业专利与模式微生物种质资源库（广东）	广东省科学院微生物研究所	广东省

（三）国家级淡水水产种质资源库

国家级淡水水产种质资源库共6个（表6）。

表6 国家级淡水水产种质资源库名单

序号	国家级淡水水产种质资源库名单	特点
1	国家斑马鱼资源中心	国际学术界公认的全球三大斑马鱼资源库之一
2	藻类和原生动物种质资源库	中国科学院淡水藻种库和四膜虫种质资源库组成
3	长江鱼类种质资源库	大宗淡水鱼类种质资源库
4	水生植物种质资源库	规模最大的浮萍种质资源库
5	特色水生动物种质资源库	我国独有或特色的实验鱼类稀有鮈鲫、水产病原和饵料生物等重要特色资源
6	珍稀水生动物资源库	全球唯一的人工环境中长江江豚繁育保护群体，是国内外最重要的、最具影响力的淡水豚类研究平台

（四）农业农村部种质资源圃（库）

农业农村部种质资源圃（库）共25个（表7）。

表7 农业农村部种质资源圃（库）

序号	农业农村部种质资源圃（库）名称	建设依托单位	所在地
1	儋州油棕种质资源圃	中国热带农业科学院橡胶研究所	海南省儋州市
2	南宁番石榴种质资源圃	广西壮族自治区亚热带作物研究所	广西壮族自治区南宁市
3	南宁火龙果种质资源圃	广西壮族自治区农业科学院园艺研究所	广西壮族自治区南宁市
4	元谋罗望子种质资源圃	云南省农业科学院热区生态农业研究所	云南省楚雄彝族自治州元谋县
5	瑞丽石斛种质资源圃	云南省德宏热带农业科学研究所	云南省瑞丽市
6	广州黄皮种质资源圃	广东省农业科学院果树研究所	广东省广州市
7	海口波罗蜜种质资源圃	海南省农业科学院热带果树研究所	海南省澄迈县

续表

序号	农业农村部种质资源圃（库）名称	建设依托单位	所在地
8	乐东腰果种质资源圃	中国热带农业科学院热带作物品种资源研究所	海南省乐东县
9	文昌椰子种质资源圃	中国热带农业科学院椰子研究所	海南省文昌市
10	儋州热带药用植物种质资源圃	中国热带农业科学院热带作物品种资源研究所	海南省儋州市
11	福州枇杷种质资源圃	福建省农业科学院果树研究所	福建省福州市
12	景洪澳洲坚果种质资源圃	云南省热带作物科学研究所	云南省西双版纳傣族自治州景洪市
13	万宁胡椒种质资源圃	中国热带农业科学院香料饮料研究所	海南省万宁市
14	广州番木瓜种质资源圃	广州市果树科学研究所	广东省广州市
15	湛江菠萝种质资源圃	中国热带农业科学院南亚热带作物研究所	广东省湛江市
16	湛江剑麻种质资源圃	广东省湛江农垦科学研究所	广东省湛江市
17	儋州热带牧草种质资源圃	中国热带农业科学院热带作物品种资源研究所	海南省儋州市
18	儋州木薯种质资源圃	中国热带农业科学院热带作物品种资源研究所	海南省儋州市
19	儋州杧果种质资源圃	中国热带农业科学院热带作物品种资源研究所	海南省儋州市
20	广州香蕉种质资源圃	广东省农业科学院果树研究所	广东省广州市
21	广州荔枝种质资源圃	广东省农业科学院果树研究所	广东省广州市
22	福州龙眼种质资源圃	福建省农业科学院果树研究所	福建省福州市
23	景洪橡胶树种质资源圃	云南省热带作物科学研究所	云南省西双版纳傣族自治州景洪市
24	儋州橡胶树种质资源圃	中国热带农业科学院橡胶研究所	海南省儋州市
25	瑞丽咖啡种质资源圃	云南省德宏热带农业科学研究所	云南省瑞丽市

四 种质资源种类

（一）动物种质资源

1. 家禽

（1）鸡

广西三黄鸡：属肉用型地方品种。原产地为广西壮族自治区桂平麻垌与江口、平南大安、岑溪糯垌、八步信都，主产区为北流、博白、容县、岑溪等，在苍梧、桂平、平南、灵山、合浦、横州等也有分布，桂林、柳州、来宾、百色、河池等有零星饲养。

广西乌鸡：在东兰县称为东兰乌鸡，在凌云县称为凌云乌鸡，属兼用型地方品种，具有一定的药用价值。广西乌鸡原产地为广西壮族自治区东兰和凌云。中心产区为东兰县隘洞和武篆、凌云县岑王老山周边村屯。主要分布于东兰、凌云，毗邻的凤山、巴马、金城江等也有少量分布。

龙胜凤鸡：又称瑶山鸡，属兼用型地方品种。龙胜凤鸡原产地为广西壮族自治区龙胜，中心产区为龙胜各族自治县泗水、马堤、平等，主要分布于龙胜各族自治县泗水、马堤、龙脊、江底、平等、伟江等，毗邻的资源县河口、三江县斗江也有少量分布。

瑶鸡：在广西又称南丹瑶鸡，在贵州又称瑶山鸡，属兼用型地方品种。瑶鸡原产地为广西壮族自治区南丹和贵州省荔波，中心产区为南丹县里湖、八圩和荔波县瑶山，分布于南丹县和荔波县各乡镇，广西河池其他区县、贵州独山等地也有分布。

文昌鸡：属肉用型地方品种。文昌鸡原产地为海南省文昌，中心产区为文昌市潭牛、锦山、文城和宝芳，在海南省各地均有分布。

仙居鸡：又称仙居土鸡、仙居三黄鸡、梅林鸡等，属蛋用型地方品种。仙居鸡原产地及中心产区为浙江省仙居、临海、天台等。主要分布于仙居县埠头、横溪、白塔、田市、官路、城关等，临海市白水洋、张家渡等，广东、广西、福建、江苏、江西、上海等也有分布。

怀乡鸡：属肉用型地方品种，原产地为广东省茂名市信宜市怀乡，中心产区为信宜市，主要分布于茂名和湛江。

清远麻鸡：属肉用型地方品种。原产地为广东省清远，中心产区为清远市所属北江两岸，主要分布于清城区附城、洲心、横荷、龙塘、石角、源潭等和清新区高田、山塘、太平、回澜、大朗等，周边市（县）也有少量分布。

惠阳胡须鸡：又称惠阳鸡、三黄胡须鸡、龙岗鸡、龙门鸡、惠州鸡，属肉用型地方品种。惠阳胡须鸡原产地为广东东江和西枝江中下游沿岸的惠阳、博罗、紫金、龙门和惠东等，主要分布于广东省河源、东莞及宝安、增城等。

（2）鸭

临武鸭：属兼用型品种。原产地为湖南省临武，中心产区为临武县武源、武水、双溪、城关、南强、岚桥等。湖南郴州市及广东粤北一带也有饲养。

广西小麻鸭：属兼用型地方品种。原产地为广西壮族自治区，中心产区为百色市西林，分布于南宁、钦州、桂林、玉林和梧州等，以及与西林县相邻的云南省广南、贵州省兴义。

龙胜翠鸭：又称洋洞鸭，属兼用型地方品种。原产地和中心产区为广西壮族自治区龙胜各族自治县马堤、伟江，分布于龙胜各族自治县各乡镇。

融水香鸭：又称三防鸭、三防香鸭、糯米香鸭，属兼用型地方品种。融水香鸭原产地及中心产区为广西壮族自治区柳州市融水，主要分布于融水苗族自治县三防、汪洞、怀宝、四荣、香粉、融水等。

靖西大麻鸭：又称马鸭，属兼用型地方品种。靖西大麻鸭原产地为广西壮族自治区靖西，中心产区为靖西市新靖、地州、武平、壬庄、岳圩、化峒、湖润等，分布于靖西市内各乡镇。与靖西市毗邻的德保、那坡的部分乡村也有分布。

(3) 鹅

皖西白鹅：在河南固始被称为固始白鹅。皖西白鹅原产地为安徽省六安和河南省固始一带，中心产区为安徽省霍邱、寿县、金安、裕安、舒城、肥西、长丰和河南省固始、潢川、商城等。近年来，皖西白鹅已推广到吉林、湖北、广东、内蒙古等地。

雁鹅：原产地为安徽省六安市霍邱、寿县、金安、裕安、舒城及合肥市肥西。雁鹅和皖西白鹅的产地相同，由于消费习惯的改变和对白色羽绒的需求偏好性，导致雁鹅中心产区转移至郎溪县沿南漪湖周边的幸福、东夏、毕桥、飞里等；现主要分布于郎溪、宣州、广德等，江苏西南、上海、湖北等地也有饲养。

道州灰鹅：原产地为湖南省道县，中心产区为道县蚣坝、清塘、寿雁、梅花、祥霖铺、白马渡、营江、万家庄、上关等，分布于江永、江华、新田、蓝山、双牌、零陵等，广西壮族自治区灌阳、全州、富川和广东省连州等也有分布。

马岗鹅：原产地及中心产区为广东省开平市马冈，主要分布于开平及佛山、肇庆、湛江、广州等，广西壮族自治区也有少量分布。

皖西白鹅

四　种质资源种类

雁鹅

道州灰鹅

马岗鹅

狮头鹅：因前额和颊侧肉瘤发达、呈狮头状而得名。狮头鹅原产地为广东省饶平县溪楼，中心产区为潮州市饶平、潮安和湘桥，汕头市龙湖和澄海，揭阳市揭东、榕城等；分布于澄海、饶平及汕头郊区一带。

乌鬃鹅：原产地为广东省清远市北江两岸的江口、源潭、洲心、附城等10个乡镇，中心产区为清远市清新。清远市佛冈、英德，广州市花都、番禺、从化，佛山市南海、顺德、三水等，肇庆市高要、四会，以及珠海市斗门等也有饲养。

阳江鹅：因其自头顶至颈背部有一条棕黄色的羽毛带形似马鬃，故又称黄鬃鹅。阳江鹅原产地为广东省阳江，中心产区为阳江市塘坪、积村、北惯、大沟等，分布于邻近的阳春、电白、恩平等。

定安鹅：原产地为海南省定安，中心产区在定安县新竹、定城和富文，毗邻的澄迈、琼山、屯昌等也有分布。

2. 家畜

（1）牛

雷琼牛：属役肉兼用型黄牛地方品种。主产于雷州半岛的徐闻、雷州、遂溪及海南岛的琼山，广泛分布于湛江市廉江、吴川、坡头、麻章、东海岛等及海南岛各地。产于雷州半岛者一般称雷州黄牛或徐闻黄牛；产于海南岛者称海南高峰牛。雷州半岛隔琼州海峡与海南岛相望，自古以来，两地牛只来往频繁，来源相同，生态环境相似，其体型外貌亦同，系属同种异名，故将分布于这两个地区的牛取名为雷琼牛。

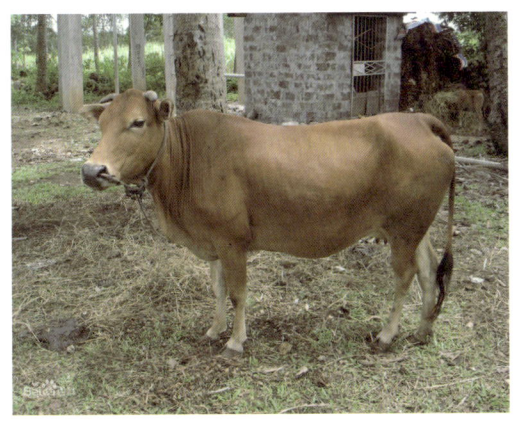

隆林牛：属役肉兼用型黄牛地方品种。产区在广西壮族自治区隆林各族自治县境内，繁殖中心以该县德峨、猪场、蛇场、克长、岩茶、者保等为主，分布于隆林、西林和田林，并逐步扩展到毗邻的云南省广南、师宗及贵州省兴义等，品种数量已形成一定的规模。

南丹牛：属役肉兼用型黄牛地方品种。产区在广西壮族自治区南丹县境内，以中堡、月里、里湖、八圩为主产区。在南丹县其他13个乡镇及相邻的环江、天峨、东兰、金城江等也有分布。

富钟水牛：属役肉兼用型水牛地方品种。原产地为广西壮族自治区富川和钟山，邻近的贺州、桂林、梧州等均有分布。

西林水牛：属役肉兼用型水牛地方品种。原产地为广西壮族自治区西林，中心产区为西林、田林和隆林，毗邻的云南省广南、师宗及贵州省兴义也有分布。

兴隆水牛：属役肉兼用型水牛地方品种。中心产区为海南省万宁市兴隆农场、东和农场和牛漏、礼纪、三更罗、南桥、长丰等，分布于万宁、陵水、琼海、琼中、定安及三亚、海口等。

（2）羊

雷州山羊：又称徐闻山羊和东山羊，属于以产肉为主的山羊地方品种。原产广东省徐闻，分布于雷州半岛及海南岛的10多个市（县）。

都安山羊：又称马山黑山羊，属肉用型山羊地方品种。原产广西壮族自治区都安县，分布于邻近的马山、大化、平果、东兰、巴马、忻城等。

隆林山羊：属于以产肉为主的山羊地方品种。原产广西壮族自治区隆林，中心产区位于该县德峨、蛇场、克长、猪场、长发、常么等，与隆林各族自治县毗邻的田林、西林等也有分布。

雷州山羊

都安山羊

隆林山羊

（3）猪

东山猪：主要产于广西壮族自治区桂林市全州，特别是该县的东山瑶族乡，故名为东山猪。桂林市灌阳、兴安、资源、龙胜、灵川、临桂、恭城、平乐、荔浦、阳朔、富川、钟山及贺州市，湖南省永州市零陵等也有分布。

宁乡猪：原产湖南省宁乡市流沙河、草冲一带，原称为流沙河猪或草冲猪，后该种群逐步扩大而散布于宁乡全市，故名宁乡猪。除湖南省益阳、娄底、邵阳、湘潭等有较多的分布外，湖北、江西、广西、贵州、重庆、四川等也有分布。

大花白猪：广东大耳黑白花猪的统称。分布于广东省境内的大花乌猪、金利猪、梅花猪、梁村猪、四保猪和坭坡猪均属大花白猪。过去农户习惯以产地和集散地对其进行命名，因此，俗名很多。1983年统称为大花白猪。原产广东省珠江三角洲一带，包括佛山市南海、顺德，中山市，广州市番禺、增城、花都、从化。目前中心产区在梅州市兴宁、肇庆市高要等。主要分布于乐昌、仁化、连平、和平、兴宁、五华、曲江、英德等。

蓝塘猪：又称芙蓉猪、铁尾猪，因中心产区在广东省紫金县蓝塘镇而得名。蓝塘猪原产广东省紫金县秋香江中下游两岸的蓝塘、凤安、九和一带，中心产区在该县蓝塘。分布于广东省海丰、陆丰、揭西、五华、龙川、惠阳、惠东等。

粤东黑猪：由惠阳黑猪、饶平黑猪归并，1983年统称为粤东黑猪。中心产区在广东省潮州、梅州，多集中在潮州市饶平、梅州市蕉岭和惠州市惠阳。粤东黑猪可分为饶平、蕉岭和惠阳三个地方类群，饶平猪分布在饶平、澄海、惠来等，蕉岭猪分布在蕉岭等，惠阳猪分布在惠阳、惠东、博罗等。

巴马香猪：又称冬瓜猪、芭蕉猪，因原产广西壮族自治区巴马瑶族自治县而得名。

德保猪：因原产广西壮族自治区德保县，全身被毛黑色，曾称为德保黑猪，后改名为德保猪。德保猪遍布德保全县，以那甲、马隘、巴头乡为中心产区，其他乡镇及田阳县巴别、五村、洞靖也有分布。2003年，经德保县畜牧水产局调查，德保猪目前主要分布在马隘、巴头、大旺。

两广小花猪：分布于广西壮族自治区的陆川猪、福绵猪、公馆猪和广东小耳花猪在1982年后曾统称为两广小花猪（Liangguang Small Spotted Pig），收入1986年出版的《中国猪品种志》，2008年畜禽资源调查时发现，海南省的墩头猪起源也是广东小耳花猪，故目前两广小花猪包括三个类群，即陆川猪、广东小耳花猪和墩头猪。

海南猪：原产海南岛北半部及东、西部沿海地区屯昌、临高、文昌、定安及海口等。目前分为临高猪、屯昌猪、文昌猪和定安猪四个类群。1975年开展畜禽品种资源调查时，根据海南各地猪种的体形外貌特征，确定文昌猪、屯昌猪和临高猪为地方猪品种。

五指山猪：因原产海南省五指山区而得名。由于其体小、灵活、头尖长、体形似鼠，俗称"老鼠猪"。主要分布于海南省中南部地区东方、白沙、保亭、五指山、乐东、琼中及三亚等山区。

3. 水产

（1）大口黑鲈

俗称加州鲈，属广温肉食性淡水鱼类，20世纪70年代引入我国台湾，1983年被引入广东，现已推广到全国各地，是目前广东省乃至全国重要的特种养殖鱼类。

优鲈1号：育成生长快、畸形率低的大口黑鲈"优鲈1号"新品种，结束了我国大口黑鲈养殖无良种的历史。针对我国养殖大口黑鲈是由从国外引进的野生种家养驯化而成，尚无人工定向选育，存在种质质量明显下降、生长速度缓慢、性成熟提前和饵料转化效率低等瓶颈问题，中国水产科学研究院珠江水产研究所率先完成了大口黑鲈生长性状数量遗传学研

究，获得了大口黑鲈生长性状的遗传参数、育种值、形态性状与体重的相关数据，奠定了选育技术路线的科学性，以国内4个大口黑鲈北方亚种养殖群体为基础选育种群，于2011年培育出大口黑鲈选育品种。大口黑鲈北方亚种引进群体是2010年4月从美国国际渔业贸易有限公司引进的野生群体。2012年3月，从中国水产科学研究院珠江水产研究所广州良种基地挑选体型标准、健康、体重大于0.65千克的大口黑鲈"优鲈1号"和美国引进的大口黑鲈北方亚种各500尾建立选育基础群体，两群体中雌雄比例均为1∶1。

优鲈3号：育成适合摄食人工配合饲料新品种大口黑鲈"优鲈3号"，实现了良种的更新换代。针对配合饲料养殖推广中出现的生长慢、鱼苗转食驯化效率和成功率低、个体间表型差异大，以摄食人工配合饲料条件下的生长速度和易驯化摄食配合饲料为目标性状，以新引进大口黑鲈北方亚种和"优鲈1号"群体为基础群体，经多代选育培育出新品种大口黑鲈"优鲈3号"，于2018年通过全国水产原种和良种审定委员会审定，实现了良种的更新换代，加快了产业的转型升级。

（2）对虾类

渤海1号：是由中国科学院海洋研究所李富花研究团队联合渤海水产育种（海南）有限公司共同培育，是以凡纳滨对虾"广泰1号"和厄瓜多尔引进的群体为基础群体，分别经连续4代家系选育，获得生长快速兼耐高盐的母本和耐高盐兼生长快速的父本，经杂交获得凡纳滨对虾"渤海1号"。

广泰1号：在"科海1号"的基础上，运用品系繁育和配套系育种理论，历经7个世代连续培育，获得了快长系、高存活/高繁系、高存活/快长系和高繁系四个具有典型性状特征的专门化品系，进一步利用四系配套技术，培育出的兼具生长速度快、成活率高的凡纳滨对虾新品种。

科海1号：以从海南、广东等地收集的夏威夷亲虾繁养4代的养殖群体为育种基础群体，以生长速度为主要选育指标，由中科院海洋研究所与西北农林大学、海南东方中科海洋生物育种有限公司三家单位合作，经过8年连续7代选育获得的新品种。"科海1号"生长速度快，适合高密度养殖。

科苏红1号：由中国科学院海洋研究所、江苏省海洋水产研究所及启东市庆健水产养殖有限公司合作历时5年选育获得的脊尾白虾首个国审新品种。该品种以2012年在启东沿海脊尾白虾养殖池塘中发现的体色突变为红色的个体作为亲本，以红色体色为目标性状，采用群体选育技术，经连续4代选育而成。

"科苏红1号"适合在我国广大沿海及滩涂地区养殖，具有广阔的推广应用前景。

"科苏红1号"品种性状优势明显，是首个具有高营养价值、高经济附加值的养殖虾类新品种。目前，该新品种已在浙江宁海、山东东营、河北黄骅及天津等地开展了小规模推广，累计推广面积500余亩（亩为非标准单位，1亩 = 1/15公顷 ≈ 666.67米^2），市场反应良好。本成果的推广应用有望大幅提高脊尾白虾良种覆盖率，提升产品品质和品种竞争力，并为农业供给侧结构性改革及水产养殖品种优化更新等发挥重要的支撑作用。

（二）植物种质资源

1. 农作物

（1）水稻

常规稻：常规稻即可以留种且后代不分离的水稻品种。常规稻不像杂交稻必须杂交第一代种子才能留种，而是通过选育、提纯、能保持本品种的特征特性不变，自交可以留种。常规稻比起杂交稻在产量、抗性上稍有劣势，但米质却比杂交稻有优势。

常规稻品种——'热科182'

杂交稻品种——'吉丰优1002'

杂交稻：杂交水稻指选用两个在遗传上有一定差异，同时它们的优良性状又能互补的水稻品种进行杂交，生产具有杂种优势的第一代杂交种，就是杂交水稻。一般杂交水稻仅指由两个遗传背景相同的不育系和恢复系杂交后形成的第一代杂交种。大面积推广的杂交水稻主要是利用水稻雄性不育系作为遗传工具。中国是世界上第一个成功研发和推广杂交水稻的国家。杂交水稻具有个体高度杂合性，杂种后代出现性状分离，故需年年制种。杂交稻具体长势旺盛、根系发达、穗大粒多和适应性广等特点。

超级杂交稻：超级稻从广义来说，是水稻在各个主要性状方面，如产量、米质、抗性等均显著超过现有品种（组合）的水平；从狭义来说，是指在抗性和米质与对照品种（组合）相仿的基础上，产量有大幅度提高。一般超级稻是指狭义的概念，即超高产水稻。"中国超级稻"育种计划，四期攻关目标于2014年实现，比预期提前了6年完成。2017年由中国工程院院士袁隆平团队选育的超级杂交稻品种'湘两优900'（超优千号）在第六期超级杂交稻"百千万"高产攻关示范工程示范点测产验收，平均亩产1 149.02千克，即每公顷产量17.2吨。

袁隆平在超级杂交稻"百千万"高产攻关示范基地考察

优质稻：优质稻是一个相对的概念，指相对一般水稻品种而言，表现出来的特征主要是腹白小甚至没有腹白，角质程度高，米色清亮，有些带有特殊香味，煮出的饭也甘香，软而不黏，适口性好。

优质稻品种——'野香优莉丝'

节水抗旱稻： 节水抗旱稻是在水稻科技进步基础上，引进旱稻的节水抗旱特性的栽培稻新类型。具有三个基本特点：一是在有水灌溉的高产田块种植，产量和米质与水稻类同，但可节水50%，大量减少农药化肥施用，降低了碳排放；二是在灌溉条件不好的中低产田块种植，可实现旱直播旱管，增产稳产；三是栽培上简单易行，既可像水稻一样在水田栽培，也可像小麦一样在旱地种植，节能环保。'旱优73'是由上海市农业生物基因中心和上海天谷生物科技股份有限公司育成的籼型杂交节水抗旱稻品种，也是节水抗旱稻系列经典的品种。'旱优73'先后通过安徽、湖北、广西三省区审定，以及江西、河南、湖南、浙江和福建五省引种。2022年通过首个非洲国家布隆迪的品种审定。作为节水抗旱稻系列的主推品种之一，'旱优73'株高矮，根系发达，苗期早生快发，茎秆粗壮，弹性好，抗性好，节水省肥（可节约灌溉50%、节约肥料30%），且抗旱性达1级。2022年专家组在湖南邵阳隆回县滩头村测产'旱优73'大面积示范片，测定产量为622.3千克/亩。如今，节水抗旱稻已走向了世界，在东南亚和非洲等地大规模种植，普遍增产20%~50%，可谓是"节水抗旱稻，世界都需要"。

节水抗旱稻品种——'旱优73'

海水稻："海水稻"是耐盐碱水稻的俗称，传统水稻在较高盐碱浓度的水田里无法正常生长结实。海水稻并不是用海水灌溉的水稻，而是通过用淡水将海水稀释，来模拟盐碱地上盐含量环境。它是在现有自然存活的高耐盐碱性野生稻的基础上，利用遗传工程技术，筛选和培育出的耐盐碱水稻，然后在盐碱地上种植和推广。海水的盐分30‰~35‰，这个浓度意味着在海水环境中是不可能生长水稻的。

海水稻筛选试验

目前海水稻的种植环境是将种植稻的盐环境稀释到3‰~6‰。这是因为常规的内陆一些盐碱地，大体的盐含量是在6‰，科学家就以6‰的水平为基准线来培育海水稻。其实，海水稻本身并非新事物，高产高耐盐的海水稻才是稀罕物。通常水稻品种的耐盐度在3‰以下，在国内外的"半咸水"地区也已发现了多种耐盐度为3‰~12‰的野生水稻资源，但普遍存在产量低、米质差、株叶形态不佳等缺点。多年来，相关技术难题一直难以攻克，造成现有"海水稻"品种无法直接推广。袁隆平院士说，现有"海水稻"品种多为半野生状态，单产只有100千克左右，农民种了连成本都收不回来。但如果单产能提高到300千克以上，农民种"海水稻"就划得来，种植积极性就会提高。

据测算，我国盐碱地总数约1亿公顷，其中有约0.2亿公顷具有改造潜力。如果在约66.7万公顷盐碱地推广"海水稻"，按每亩300千克的产量保守计算，年产量也将达300亿千克，能养活8 000万人口。2016年10月12日，青岛市成立了国内首个国家级海水稻研究发展中心——青岛海水稻研发中心，袁隆平担任该中心主任和首席科学家。该中心计划在3年时间内实现海水稻种植亩产突破300千克的目标。2017年4月，袁隆平领衔的技术团队在他们的试验田中种下了海水稻，到了收获的季节，亩产最高为620.95千克，而原来的预期目标为300千克，大大超过了科学家的预期！青岛海水稻研发中心培育的"海水稻"实现了多个技术突破，最重大的技术突破在于可以用含盐量6‰的咸水直接灌溉并且产量大幅提高，620.95千克/亩的产量，已超过了目前已知含盐量6‰咸水中生长的"海水稻"最高产量。

巨人稻：禾下乘凉是"杂交水稻之父"袁隆平毕生都在追逐的梦想。巨人稻是在现有优异种源的基础上，运用野生稻远缘杂交、分子标记定向选育等一系列育种新技术，获得的拥有完全自主知识产权的水稻新种质，具有明显的抗倒伏、抗病虫害、耐涝等优势。巨人稻株高160～210厘米。在巨人稻的稻田中，除了收获稻子外，试验田中还自然放养了不少鲢鱼、泥鳅和青蛙。这是因为巨人稻健壮结实，茎秆直径约1厘米，光合作用充足，不仅抗病、抗倒伏能力强，还能为植株带来充分的营养，为水生类、两栖类动物遮阴避暑，提供最佳栖息场所。巨人稻拥有产量高、抗性好、耐逆性强等特点，且生长周期与青蛙、泥鳅生长周期同步，可同时管理，节约人力与资金成本。通过采取"巨人稻+青蛙+泥鳅+鲢鱼"的生态种养新模式，可实现一亩多收，粮渔共赢。

巨人稻

功能稻：具有专门用途的栽培稻。功能稻可分为抗性淀粉类功能稻、富含微量元素功能稻、花青素功能稻、γ-氨基丁酸类功能稻、低谷蛋白类功能稻及富含其他营养元素功能稻。抗性淀粉指的是在健康个体小肠中未被吸收的淀粉和降解产物的总和，具有调节人体血糖水平，促进矿物质吸收，保护肠道及调控体重等作用。抗性淀粉类功能稻品种，如'浙辐201''优糖稻3号''优糖稻2号''宜糖米1号''宁农黑粳''功米3号''降糖稻1号'等。据报道，在稻米皮层中含有较多的人们所需要的微量元素，如铁、硒、锌。其中铁可以预防贫血症，硒具有保护心血管、预防肿瘤的功效，而锌具有提高免疫力的作用。富含这些微量元素的功能稻品种有'龙晴4号''香血糯''乌贡1号'等。花青素又称花色素，广泛分布在各种植物体内，是一种黄酮类的次生代谢物。研究表明，紫米、黑米和红米富含花青-3-葡萄糖苷及生物碱物质，能够抵抗癌症、心血管疾病，起到延缓衰老、养肝补血等作用。这类功能稻品种有'紫晶米''鸭血糯''黑米闽紫香1号''野香优红占''友香红稻'等。据报道，2017年全球约120万人死于慢性肾脏疾病，该类疾病主要是由于尿蛋白的不平衡导致，低蛋白饮食被证实是除了药物以外能够有效控制蛋白水平的重要方法。因此，发展和培育低谷蛋白水稻新品种是当下水稻育种的一个新目标。目前我国已成功培育出一些低谷蛋白水稻新品种，如南京农业大学培育的'W3660''W204''W0868'等，还有'低谷1号''武2812''春阳'等。

功能稻

海南地方品种山栏（兰）稻：是海南黎族人民经2 000多年生产实践延续下来的山地旱稻。传统种植山栏（兰）稻的方式是"砍山兰"，也就是常说的刀耕火种。砍山兰的方式，大抵经过选地、破山、焚烧、围栏、点种、除草、守护、收获等几个过程。从播种、生长到收割整个过程不施肥、不喷药、不浇水，为天然原生态种植。海南省山栏（兰）稻的陆稻遗传资源，历史上曾主要分布于海南岛保亭、琼中、东方、崖县（今三亚）、白沙、乐东、陵水、万宁等黎族聚居的山地和丘陵区。由于近几十年工业化和城镇化的快速发展，目前，山栏（兰）稻农业系统的主要分布区域已萎缩至琼中、白沙的中部山区，其余各县仅有零星分布。山栏（兰）稻作为海南地区特有的珍贵地方种质，具有独特的农艺性状和较强的抗旱生理特征，优点是耐热、抗旱、抗病、抗虫及良好的生态适应性，缺点是株高偏高，一般高140厘米以上，易倒伏，产量低，分蘖力弱，穗形披散。

海南地方品种——'山栏（兰）稻'

安徽地方品种庄红贡米：安徽省颍上县八里河镇王新庄村的一个水稻地方品种，2021年被农业农村部列为"农作物10大优异种质资源"之一。种植历史可以追溯到南北朝时期，民间传闻起源于古时妙三姐出家后助力乡人恢复农耕生产的故事。该红米色泽红润、香味四溢，口感甚佳，营养丰富，铁（38.9毫克/千克）和锌（25毫克/千克）的含量是普通大米的8～15倍，可用于选育功能性大米新品种，产业化开发前景广阔。

安徽地方品种——'庄红贡米'

观赏稻： 2007年赵则胜在《特种稻研究与利用》中首次提出观赏稻。而彩色水稻作为特有的品种，被越来越多的人所了解，其不仅具有观赏作用，同时也可以食用，最终可以促进农业的发展和农民的增收。对于观赏稻，常见的主要有紫叶、黄叶和白色条纹叶稻等，日本是开展观赏稻育种较早的国家，其经常用观赏水稻品种的紫穗作为紫花的替代品。在国内，西昌学院戴红燕研究员对观赏稻的研究较多，育成的观赏稻品种有'百拂''绿叶红妆''彩云''紫薇'等。

观赏稻

（2）甜玉米

'粤甜28'鲜食玉米是唯一一个国家东南、西南、黄淮海区同时通过审定的玉米品种。

鲜食玉米品种——'粤甜28'

1996—2000年，广东省甜玉米育种处于起步阶段，培育的品种以'穗甜1号''超甜20'等为代表，无审定品种，生产上主要使用境外引进品种。

2001—2005年，新品种培育速度明显加快，通过省级审定品种有28个，以'粤甜3号''粤甜10号''广甜2号''金凤5号'为代表，增产增收，抗病性、抗倒性和食用品质明显提高。

2006—2010年，甜玉米发展进入新的增长时期，选育了'粤甜13号''粤甜16号''华美甜8号''华宝甜8号''华美甜168号''正甜68'等为代表的第3代优质、抗病、抗逆和耐密植超甜玉米品种。

2011—2015年，甜玉米育种进入了优质化营养品质改良的新阶段，以'粤甜20号'（国审玉2014023）、'粤甜22号'（粤审玉2014009，闽审玉2015001，国审玉2016018）等为代表，品质、产量等显著高于广东省和国家区试对照品种粤甜16号。

2016—2020年，广东甜玉米育种基于营养导向型农业的需求，在坚持优质化育种的基础上，开展了甜玉米营养品质的遗传基础研究。培育出高叶酸品种'粤甜28号'、高维生素E品种'粤甜26号'、高叶黄素品种'粤甜30号'等优质杂交品种，培育出'粤黑珍珠2号''黑甜玉8号''黑甜玉13号''黑参'等黑色品种。

2. 水果

（1）柑橘

柑橘是家族比较庞大的一类水果，是橙类、宽皮柑橘类、柚类、枸橼类、金柑属等的总称。其中宽皮柑橘（*Citrus reticulata* Blanco）简称柑橘，为柑橘主要栽培种类之一，原产中国，栽培历史4 000年以上，岭南栽培柑橘的时间长，面积大，品种多，产量高，品质优。目前，北回归线附近及以北各地均有生产和栽培。以砂糖橘种植面积最大。

柑橘树型较矮小，属小乔木。果皮松宽可剥，瓣瓣彼此容易分离，食用方便。按性状差异可分为柑与橘两类，前者优良品种有'贡柑''蕉柑''茶枝柑'等，后者则有'砂糖橘''温州蜜柑''年橘''椪柑''春甜橘'等。著名特产有四会'砂糖橘'、龙门'年橘'、德庆'贡柑'、潮州'蕉柑'。而新会'茶枝柑'则是制作陈皮的最好品种。

椪柑

甜橙［*Citrus sinensis*（Linn.）Osb.］：别名广柑，热带、亚热带常绿果树，原产我国华南地区和亚洲中南半岛，我国四川、广东、福建、广西、湖北、湖南、江西、台湾等省区广为栽培。岭南的'新会橙''仑头脐橙''萝岗甜橙''红江橙'等曾为岭南甜橙的名牌品种。

柚［*Citrus maxima*（Burm.）Merr.］：别名碌柚、文旦，原产中国，栽培主要分布于中国、泰国、越南、马来西亚、印度等国。岭南是柚的主产区，是著名品种'沙田柚'的原产地。

柑橘采收期为10月至翌年5月。果实富含维生素、矿物质、叶酸等营养物质，具有开胃理气、止渴、润肺止咳、预防高血压、抗癌等功效。果实可鲜食，做沙拉及制果汁、果酱等。

萝岗甜橙

梅州金柚

（2）香蕉

南天黄：假茎高度与'巴西蕉'接近，但呈黄绿色，内茎淡绿色或浅粉红色（其他香牙蕉多为紫红色）；叶柄较短，叶翼有波浪形，翼边缘有红线；组培苗（大叶芽）叶色较淡绿，少紫色斑。春夏季抽出吸芽为青笋（其他香牙蕉为红笋）。果轴无绒毛，有光泽，色较假茎、果色深绿。生育期、抗风性与'巴西蕉'接近。在抗枯萎病方面，'南天黄'中高抗枯萎病4号小种，抗性强于'宝岛蕉'和'农科1号'，对比'巴西蕉'发病率高于80%的重枯萎病地，能达到发病率低于10%的高抗水平，抗其他真菌、细菌、病毒病。

粉杂1号：又称"苹果粉蕉"，是野生长梗蕉与粉蕉的杂交。长梗蕉具有抗寒、抗旱、抗涝、抗风等抗逆性强的特性，与粉蕉杂交后获得了高抗性的品种——'粉杂1号'。'粉杂1号'这个品种的香蕉，对香蕉枯萎病4号种病害有高抗性、对香蕉枯萎病1号种病害有中抗性。'粉杂1号'优秀的抗病能力使枯萎病严重的珠江三角洲地区重新呈现蕉林茂盛的景象。与此同时，它的抗风力、耐涝力、抗寒力都很强，还适宜密植，货架期长。

中蕉9号：广东省农业科学院果树研究所香蕉遗传改良团队历经多年选育出的香蕉新品种，2017年通过广东省农作物品种审定委员会审定，2017年获得国家植物新品种保护权（品种权号：CNA20151500.2）。'中蕉9号'最大的特点和优势是田间表现不感香蕉枯萎病，而且丰产性能好，抗风、抗寒性能强，风味口感软糯香滑。

宝岛蕉：由中国热带农业科学院联合海南蓝祥联农科技开发有限公司于2002年从台湾引进改良后的抗病品种。'宝岛蕉'秆高2.8米，花蕾呈圆柱形，比'巴西蕉'等品种大，把多而整齐，每果串着生11～14个果把，总果指数191～240根，果指形状与'巴西蕉'相似。枯萎病病区存活率达85%。

（3）荔枝

巨美人：是以'紫娘喜'为母本、'无核荔'为父本进行人工有性杂交创制的杂种群体中选育而成的新品系，果实特大，早结、丰产、焦核率较高，是荔枝杂交育种的突破性进展，为发展特色荔枝产业提供了品种选择，推广应用潜力巨大。

井岗红糯：为迟熟荔枝品种，成熟期比'怀枝'迟7～10天。果实外观好，呈心形，果皮鲜红，果肉厚，爽脆，味清甜，兼有'糯米糍'的果实和'桂味'的肉质优点，品质优良，可溶性固形物含量19.2%；可食率77.3%，焦核率80%左右；单果重23.5克，裂果少，商品性好；在生产上表现较抗荔枝霜霉病。

（4）龙眼

宝石1号：采用世界上第一个通过审定的杂交龙眼'冬宝9号'为母本、国内种植面积最大的'石硖'龙眼为父本杂交选育而成，品种综合性状优异，早熟、果大，且稳产性能好、可食率高。与其他品种相比，'宝石1号'龙眼最大程度上实现了"早熟"和"好种"。在福州，成熟期集中在8月下旬至9月上旬，在广东茂名6月即可采摘。它既继承了'冬宝9号'的好吃，又能经得起粗放式管理，抗台风能力也挺高，还具有不分大小年等特性。

脆丰：以'大乌圆'为母本、'石硖'为父本进行杂交，从杂交F_1代群体中单株优选而成的新品种。品种树势壮旺，树型较开张，早结丰产性能好，肉质脆嫩、化渣、清甜多汁、略有香气。果实在广州地区7月下旬成熟，高接树第3年和第4年的平均株产分别为25.9千克和36.8千克。

古山2号：母树来源于广东揭阳，果实扁圆形。单果重10～12克，果皮黄褐色，较薄。果肉乳白色，果肉易离核，肉质爽脆，味清甜。果实在8月上旬成熟，是早熟优质鲜食品种，品质上等。

良庆1号：由广西南宁市水果生产技术指导站和南宁市良庆区农业服务中心推出。果实圆形，单果重12.6克。果肉清甜，品质上等。该品种树势旺盛，丰产稳产。晚熟品种，成熟期9月上中旬。

红壳：为台湾台南一带的主栽品种。因果壳深褐色而得名。单果重11.1～14.6克，可溶性固形物含量18.2%～21%，可食率65%～66%，果实成熟期8月上中旬。果大而甜，丰产。

凤大晚香：华南农业大学园艺学院选育品种，同时也是成熟期晚、生长迅速、丰产性强、综合性状优良的龙眼新品种。单果重为12克，与储良龙眼相当，可溶性固形物含量22%～24%，可食率65%～70%，果肉蜡黄色，风味蜜甜，具有浓郁的香气。

凤梨朵：潮州市果树研究所自行选育的优良品种，其可溶性固形物在所有龙眼品种中含量是最高的，并具有早结、丰产、稳产，果质优良、肉质爽脆、易离核，味浓甜等优良性状。

（5）菠萝

冰糖红：冠芽短小，叶片尖端有少量刺或者无刺，果皮呈橙红色，成熟时颜色加深，口感甘甜如冰糖。

手撕菠萝：经过人工选种培育出来的品种，目前在台湾和海南有种植，个头比较大。果皮呈青绿色，果肉呈米黄色，口感细腻松软，水分非常充足，甜度极高，具有非常浓郁的香甜味。

冰糖红菠萝

（6）杧果

热品4号：由海南一实生变异单株选育。果实长卵形，果面光洁呈浅红色，果点大而稀疏，果肉橙黄色，肉质致密，果肉纤维少，果实鲜食综合性状好，果皮较厚耐贮运，货架寿命长，嫁接苗植后3年开花结果，不做产期调节果实5—6月成熟。

热品16号：2004年，从海顿杧开放授粉的后代中选育出的优良单株。果实椭圆形，果皮光滑，成熟时果皮黄色至橙黄色，皮孔稀少，无果窝，无腹沟，果肩平，果顶钝形，单果重322.8～409克。果核表面凹陷、脉络交叉，种仁椭圆形，单胚。

热品16号

（7）莲雾

黑金刚：由'黑珍珠'莲雾改良，主产于台湾屏东、海南等。平均单果重150克，纵径8.01厘米，横径5.88厘米，果形指数1.36。果实钟形，果顶略比果肩宽，果顶中心凹陷，果皮颜色为暗褐色，果面有平行微棱，果面有光泽，被蜡质，果肉青白色，海绵少，肉质爽脆，多汁，味甜。果内种子退化。可溶性固形物含量8%~9%，品质优。

黑糖芭比：台湾果农改良的品种，由'黑金刚'莲雾、台湾原生种莲雾接枝而成。改良品种特性升级后，产期较长、耐运输、不易裂果。难得一见的'黑糖芭比'莲雾，几乎是'黑金刚'莲雾的2倍大，且果皮深红，正好是讨喜的颜色，再加上甜酸适中的口味，堪称是莲雾品种中的精品。

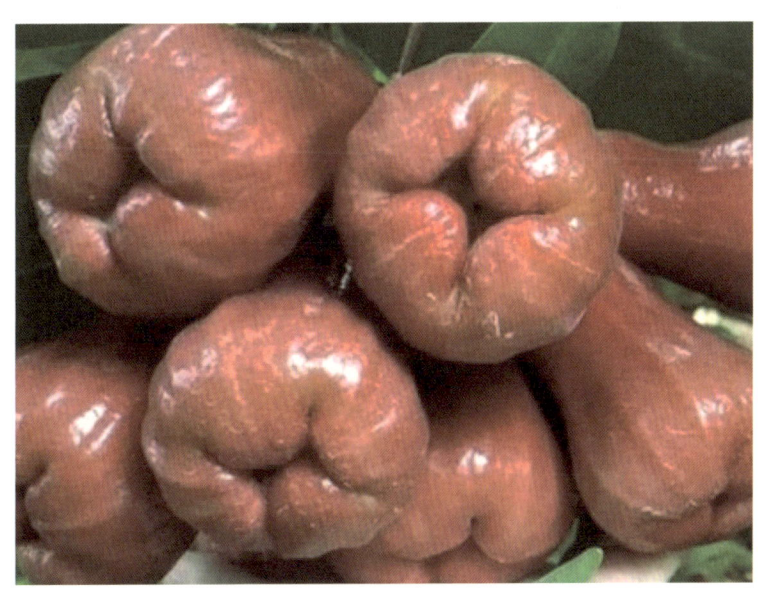

(8) 阳桃

大果甜阳桃6号：由'大果甜阳桃1号'实生繁育群体中选育出的新品种。植株生长势较强，枝条开张，小枝多而密，柔软下垂，叶为奇数羽状复叶，互生或对生，小叶9~11片；小叶长椭圆形，叶尖急尖，叶身不对称，叶色绿；果实长卵形，单果重202克，最大单果质量490克；果皮薄而光滑，具蜡质，果尖钝，未成熟果实青绿色，成熟果实黄色；果肉浅黄色至黄色，果肉质细爽脆，味甜酸，口感好。可溶性固形物含量8%~11.5%，可溶性糖含量7.68%，总酸含量0.225%。花为总状花序，果实生育期70~110天。

(9) 毛叶枣

脆蜜：原产台湾。叶片较浓绿而富有光泽，叶形略短而圆，近心形；晚熟品种，果实10月中下旬成熟，一年生树可进入初产期，产量达3.3吨/公顷，三年生树可进入盛产期，产量达27吨/公顷，以高朗1号为对照，分别超过对照51%和72%；成熟果为黄绿色，果面光滑而富有光泽，果形扁圆形至长圆形，单果重65克，可溶性固形物含量10.5%~16.1%，总糖含量10.19%左右，总酸含量0.43%左右，维生素C含量61.3毫克/100克左右；果实肉质晶莹脆嫩，香味浓，口感佳，耐贮运，货架期长。

（10）黄晶果

原产亚马孙河上游的常绿果树，分布于安第斯山脉以东，委内瑞拉、秘鲁、厄瓜多尔及巴西等国。叶互生，长10～20厘米，宽3～6厘米；花浅绿色，单生或2～5朵花着生于叶腋，幼果深绿色，微具茸毛，成熟时转亮黄色，圆形或卵圆形，表面光滑，果顶微尖或平滑，单果重约250克，最大可达900克，果径7～10厘米，果肉乳白色半透明，未熟果有涩味，成熟后甜而香，带有微黏的乳汁，呈半透明胶质状，可溶性固形物含量12%～15%，含水量74%，种子1～4粒，单粒种子重5～6克，长3～4厘米。

（11）柠檬

香水柠檬：来自台湾的柠檬新品种，又称"台湾四季香水柠檬"或"台湾四季无籽香水柠檬"。由于它的味道芬芳，故而被人们称为香水柠檬。

（12）番石榴

七月红：又称"七月熟番石榴"，果实卵形或洋梨形，单果重91克，果肉厚，嫩滑，清甜，初熟时果面洁白，适熟时果顶淡玫瑰红色。耐肥，耐风雨，高产，适应性强，收获期长，较耐贮运，为珠江三角洲栽培最多、出口最多的番石榴品系。

（13）波罗蜜

红肉波罗蜜：高州市华丰无公害果场实生波罗蜜树中选育而成，属实生变异。2009年2月，通过广东省农作物品种审定委员会审定（粤审果2009007）。该品种具有一年多次开花结果的特点，早结果，丰产优质，嫁接苗定植后4年开始开花结果。果中等大，长椭圆形，肉厚有蜜汁、干苞、橙红色、肉质爽脆、味清甜有香气，果实成熟后少乳胶，是特色的优良品种。在海南、广东粤西地区等适宜波罗蜜生产的区域均可种植。

（14）百香果

福建百香果3号：从台湾引进的台湾黄金百香果实生苗中筛选培育出的新品种，平均单果重93.9克，最大单果重175克。果实近圆形，果形指数1.04。果皮黄色、光亮、革质，有白色星状果点，平均厚0.5厘米，表皮光滑。果肉黄色、黏质、饱满。种子卵状三角形，黑色，平均每果242粒，千粒重16.17克。可食率52.8%，果汁率

42%，具番石榴香气，口感甜，品质优，可溶性固形物含量18.90%，可溶性糖含量14.74%，可滴定酸含量3.22%，糖酸比4.58，维生素C含量331.0毫克/千克。果实硬度大，耐贮运，货架期15～30天。该品种抗逆性强，耐高温，极具发展潜力。2019年，福建种植面积4 200公顷，目前已成为福建省主栽品种，广西、广东、海南、云南等地已广泛引进种植。

钦蜜9号：纯甜品种，甜度很高，青皮就甜，七成熟就可以采摘了，很适合鲜食，对于喜欢吃甜的百香果"果粉"是最佳选择。高温挂果能力强，36℃高温挂果率也还可以；容易开花结果，自花授粉，不需要人工授粉，坐果率高，产量较高，密植、管理好的果园亩产达1 000千克。抗病毒病能力强，更容易管理。适应性强，近2年在海南、广西、广东、云南、贵州等地种植，都表现突出。果实耐储存，常温可保存10天以上，适合长途运输。

（15）人心果

越南人心果：山榄科的热带水果，因为人心果的果实长得很像人的心脏，所以被人们命名为人心果。因为人心果的果形像柿子，也可以叫作"吴凤柿"。营养价值高，果可食，味甜可口；树干之乳汁为口香糖原料；种仁含油率20%；树皮含植物碱，有医用功效。

（16）蛋黄果

蛋苹1号：成熟果形端正，成熟果实纵径7.4厘米，横径9.3厘米，果形指数0.8，果实形状为苹果形，果顶正中微凹，没有乳状凸起，青果黄绿色，可食用时果皮近似橙黄色，果肉颜色近似蛋黄，平均单果重为322克，平均果肉重228克，可食率为71%，每个果实含种子2~6粒，长形，其形状不规则，有龟背形、橘子瓤瓣状等，其形状和每个果实种子数目可能相关，单粒种重19.5克，果皮很薄，易剥离。

（17）火龙果

无刺黄龙：原产以色列，自花授粉品种，色泽金黄、耐储运、个头大、无裂果、产量高、口感好、抗病率高、耐旱、耐寒，品种生长特性及品质超越过往国内大部分火龙果品种，在中国是一个稀有品种，也是火龙果产业发展前景非常好的品种。

（18）番荔枝

黄龙释迦：原产南美洲，其果肉又软又甜，品尝过的都赞不绝口，有的厨师用它来加工冰激凌、沙拉等，巴西用它当原料酿释迦酒。

（19）黄皮

华蜜：以'白糖'黄皮为母本、'郁南无核'黄皮为父本进行杂交，从杂交F_1代群体中单株优选而成的黄皮新品种。果实鸡心形，果皮橙黄色；肉质细嫩，风味蜜甜，有香气；平均单果重7.98克，平均单果种子数1.1粒，可食率69.6%；可溶性固形物含量18.8%，总糖含量11.8%，还原糖含量5.4%，可滴定酸含量0.1%，维生素C含量602毫克/千克。'华蜜'黄皮树势较旺，丰产稳产性较好，早熟，在广州6月底至7月上旬成熟，成熟度较一致，适宜在广东黄皮产区推广种植。

（20）番木瓜

黄金番木瓜：其苗木黄绿相间的掌形叶片，颇具观赏性的树型，再加上果实的清甜口感，黄金木瓜糖度高，且少了普通木瓜的"腥"味，深受广大消费者欢迎。

3. 蔬菜

（1）菜心

别名菜薹，十字花科芸薹属，一、二年生草本。根系浅，植株直立或半直立。抽薹前茎短缩，黄绿色或绿色。叶宽卵圆形或椭圆形、黄绿色至深绿色，叶缘波状，基部具有裂片或无，或叶翼延伸，叶脉明显。叶柄狭长，有浅沟，横切面为半月形，浅绿色。花茎上的叶片较小，卵形或披针形，下部的叶柄短，上部无叶柄。总状花序，花冠黄色。种子细小，近圆球形，红褐色至褐色。

（2）小白菜

别名不结球白菜，十字花科芸薹属，一、二年生草本。植株较矮小，浅根系，须根发达。叶色淡绿色至墨绿色，叶片倒卵形或椭圆形，叶片光滑或褶缩，少数有茸毛。叶柄肥厚，白色或绿色。不结球。花黄色。种子近圆形。

(3) 大白菜

别名结球白菜,十字花科芸薹属,一、二年生草本。浅根系,须根发达,再生力强。茎在营养生长期为短缩茎,短缩茎上着生莲座叶,为主要食用部分,又是同化器官。叶圆形、卵圆形、倒卵圆形或椭圆形等,全缘、波状或有锯齿,浅绿色、绿色或深绿色,叶面光滑或有皱缩,少数具茸毛。叶柄肥厚,横切面呈现扁平状、半圆形或偏圆形。复总状花序,完全花,花冠黄色。长角果,种子近圆形,红褐色或黄褐色。

(4) 甘蓝

别名椰菜,十字花科芸薹属,一、二年生草本。须根系。茎短缩。基生叶质厚,层层包裹成球状体,扁球形,乳白色或淡绿色。基生叶顶端圆形,基部骤窄成极短有宽翅的叶柄,边缘有波状不显明锯齿。总状花序顶生及腋生,花淡黄色。种子球形,棕色。

(5) 花椰菜

别名花菜,十字花科芸薹属,为甘蓝的变种,一、二年生草本。根系较发达。茎直立,粗壮,有分枝。基生叶及下部叶长圆形至椭圆形,茎中上部叶较小且无柄,长圆形至披针形,抱茎。茎顶端有1个由总花梗、花梗和未发育的花芽密集成的乳白色肉质头状体。总状花序顶生及腋生,花淡黄色,后变成白色。种子宽椭圆形,棕色。

(6) 西兰花

别名花椰菜,十字花科芸薹属,一、二年生草本。根系较发达。茎较短缩。叶互生,阔卵形至椭圆形,基部具耳状裂片或深裂,叶面平滑、被蜡粉、绿色。由短缩、肉质主花茎及其上侧花茎和花蕾组成花球绿色,为食用器官,易形成侧花球。

总状花序，花冠黄色。种子近圆形，褐色。

（7）芥菜

十字花科芸薹属，一、二年生草本。根系浅，须根多。茎短缩。叶柄具小裂片，茎下部叶较小，边缘有缺刻或牙齿，茎上部叶窄披针形，边缘具不明显疏齿或全缘。总状花序顶生，花黄色，萼片淡黄色。种子球形，紫褐色。

（8）芥蓝

别名芥兰，十字花科芸薹属，一、二年生草本。须根系。茎直立，有分枝。基生叶卵形，边缘有微小不整齐裂齿，不裂或基部有小裂片。总状花序，花白色或淡黄色。种子凸球形，红棕色，有微小窝点。

（9）莴苣

别名莴笋，菊科莴苣属，一、二年生草本。须根系。茎直立，单生，上部圆锥状花序分枝，全部茎枝白色。基生叶及下部茎叶大，不分裂，倒披针形、椭圆形或椭圆状倒披针形。头状花序多数或极多数，在茎枝顶端排成圆锥花序。瘦果，倒披针形，浅褐色。

（10）蕹菜

别名空心菜，旋花科番薯属，一年生或多年生草本。根系分布浅，为须根系，再生能力强。茎蔓生，圆形而中空，柔软，绿色或淡紫色，茎有节，每节除腋芽外，还可长出不定根。真叶互生，叶面光滑，全缘，极尖，叶脉网状，中脉明显突起，叶为披针形、长卵圆形或心脏形。聚伞花序，腋生，花冠漏斗形，白色。蒴果，近圆形，种子黑褐色。

（11）萝卜

十字花科萝卜属，一、二年生草本。直根肉质，长圆形、球形或圆锥形，外皮绿色、白色或红色。基生叶片和下部茎生叶大头羽状半裂，顶裂片卵形，长圆形，有钝齿，疏生粗毛。总状花序顶生及腋生，花白色或粉红色。种子卵形，微扁，红棕色。

（12）胡萝卜

别名红萝卜，伞形花科胡萝卜属，一、二年生草本。根粗壮，长圆锥形。茎短缩。叶片具长柄，羽状复叶，裂片线形或披针形。复伞形花序，完全花，细小，白色。果实椭圆形，黄褐色，棱上有白色刺毛。

（13）菠菜

藜科菠菜属，一、二年生草本。根圆锥状，带红色，较少为白色。茎直立，中空，脆弱多汁，不分枝或有少数分枝。叶戟形至卵形，鲜绿色，柔嫩多汁，稍有光泽，全缘或有少数牙齿状裂片。雄花集成球形团伞花序，再于枝和茎的上部排列成有间断的穗状圆锥花序。雌花簇生于叶腋。胞果，卵形或近圆形，果皮褐色。

（14）芹菜

别名香芹，伞形花科芹菜属，有水芹、旱芹两种，芹菜为二年生草本。浅根系。茎短缩，有数条槽纹。二回羽状复叶，小复叶2～3对，小叶卵圆形二裂或三裂，浅绿色，叶柄长而肥大，绿色或绿白色，为主要食用部分。复伞形花序，花小，白色。双悬果，圆球形，种子1～2粒。种子褐色。

（15）茼蒿

别名蓬蒿，菊科茼蒿属，一、二年生草本。须根系，茎较短缩。叶互生，长形羽状分裂。头状花序，花单生，黄色或白色。瘦果，近三角形，有明显棱沟，褐色。

（16）黄瓜

别名青瓜，葫芦科黄瓜属，一年生蔓生或攀缘草本。根系较浅。茎有棱沟，被白色的糙硬毛。卷须细。叶片宽卵状心形，膜质，裂片三角形，有齿。雌雄同株。雄花常数朵在叶腋簇生；雌花单生或稀簇生。果实长圆形或圆柱形。种子小，狭卵形，白色，无边缘，两端近急尖。

(17) 丝瓜

别名水瓜，葫芦科丝瓜属，一年生攀缘藤本。根系发达，茎、枝粗糙，有棱沟，被微柔毛。卷须稍粗壮，被短柔毛。叶片三角形或近圆形。雌雄同株，雄花通常生于总状花序上部，雌花单生。果实表面平滑或有棱。种子多数，黑色，卵形，平滑，边缘狭翼状。

(18) 苦瓜

别名凉瓜，葫芦科苦瓜属，一年生攀缘藤本。根系较发达。茎五棱，侧蔓多。卷须纤细，不分歧。叶片膜质，上面绿色，背面淡绿色，叶脉掌状。雌雄同株异花，花单生，花冠黄色，花具长柄，其上着生绿色盾状苞片。果实纺锤形或圆柱形，多瘤皱，成熟后橙黄色。种子长圆形，两面有刻纹。

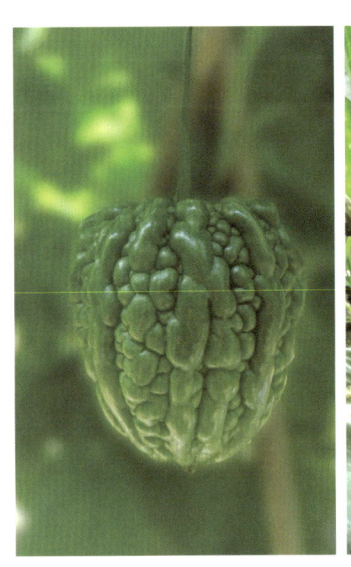  

（19）节瓜

别名毛瓜，葫芦科冬瓜属，一年生攀缘藤本。根系较强大，茎被黄褐色硬毛及长柔毛，有棱沟。叶片肾状近圆形，裂片宽三角形或卵形，叶脉在叶背面稍隆起，密被毛。雌雄同株异花，花单生，花冠黄色。果实小，比黄瓜略长而粗，成熟时被糙硬毛，无白蜡质粉被。种子卵形，白色或淡黄色，压扁，有边缘。

（20）南瓜

葫芦科南瓜属，一年生攀缘藤本。茎常节部生根，叶柄粗壮，叶片宽卵形或卵圆形，质稍柔软，叶脉隆起，卷须稍粗壮，雌雄同株。果梗粗壮，有棱和槽，因品种而异，外面常有数条纵沟或无。种子多数，长卵形或长圆形。

（21）瓠瓜

别名蒲瓜，葫芦科葫芦属，一年生攀缘草本。根系发达，茎、枝具沟纹，被黏质长柔毛，老后渐脱落，变近无毛。叶片卵状心形或肾状卵形。卷须纤细。雌雄同株异花，花单生，花冠黄色。果实初为绿色，后变白色至黄色，由于长期栽培，果形变异很大。种子白色，倒卵形或三角形，顶端截形或二齿裂。

（22）冬瓜

葫芦科冬瓜属，一年生攀缘藤本。根系强大，茎被黄褐色硬毛及长柔毛，有棱沟。叶柄粗壮，被粗硬毛和长柔毛。雌雄同株异花，花单生，黄色。果实长圆柱状或近球状，大型，有硬毛和白霜，种子卵形。

（23）豇豆

别名豆角，豆科豇豆属，一年生缠绕草本。直根系。茎近无毛。羽状复叶具3小叶。总状花序腋生，具长梗，花冠黄白色而略带青紫色，荚果下垂，直立或斜展，线形。种子长椭圆形、圆柱形或稍肾形，黄白色、暗红色或其他颜色。

（24）四季豆

别名芸豆、菜豆，是豆科菜豆种的栽培品种，一年生草本。根系较发达，再生能力弱。茎蔓生、半蔓生或矮生。初生第1对真叶为对生单叶，近心脏形，第3片叶及以后的真叶为三出复叶，互生。总状花序，腋生，蝶形花。花冠白色、黄色、淡紫色或紫色等。荚果条形，略膨胀，形状有宽或窄扁条形和长短圆棍形，或中间型，荚直生或弯曲。种子球形或矩圆形，白色、褐色、蓝黑色或绛红色，光亮，有花斑。

（25）豌豆

别名荷兰豆，豆科豌豆属，一、二年生攀缘草本。直根系。蔓生或矮生，近方形，中空。偶数羽状复叶，小叶1～3对，基部有一对耳状托叶，绿色。花单生或短总状花序，着生1～3朵花，深形，花冠白色或紫红色。荚果近半月形，平直或稍弯曲，扁，绿色。种子圆球形，表面光滑或皱缩，淡黄色。

（26）番茄

别名西红柿，茄科番茄属，一年生或多年生草本，包括有限生长型、半有限生长型和无限生长型。根系较发达，茎的分枝能力强，茎节上易生不定根，茎易倒伏。奇数羽状复叶或羽状深裂，互生。花为两性花，黄色，自花授粉，复总状花序，花冠黄色。浆果，扁球状或近球状，肉质而多汁，橘黄色或鲜红色，光滑。种子扁平、肾形，灰黄色。

（27）茄子

别名矮瓜，茄科茄属，一年生或有限多年生草本。直根系。茎圆形直立。叶大，卵形至长圆状卵形，先端钝，基部不相等，边缘浅波状或深波状圆裂，被星状绒毛。花单生或簇生，一般有白花、紫花。果的形状大小变异极大，有长形或圆形，颜色有白色、绿色、紫色等。种子近圆形，扁，灰黄色，有革质。

（28）辣椒

茄科辣椒属，一年生或有限多年生草本。茎近无毛或微生柔毛，分枝稍呈"之"字形折曲。叶互生，枝顶端节不伸长而呈双生或簇生状，矩圆状卵形、卵形或卵状披针形。花单生，花冠白色，裂片卵形，花药灰紫色。果梗较粗壮，俯垂，果实未成熟时绿色，成熟后呈红色、橙色或紫红色，味辣。种子扁肾形，淡黄色。

（29）马铃薯

别名土豆，茄科茄属，一年生草本。地下茎块状，扁圆形或高15～80厘米，无毛或被疏柔毛。茎分地上茎和地下茎两个部分。长圆形，直径3～10厘米，外皮白色，淡红色或紫色。薯皮的颜色为白色、黄色、粉红色、红色、紫色和黑色，薯肉为白色、淡黄色、黄色、黑色、青色、紫色及黑紫色。由种子长成的植株形成细长的主根和分枝的侧根；而由块茎繁殖的植株则无主根，只形成须根系。地上茎呈菱形，有毛。初生叶为单叶，全缘。随植株的生长，逐渐形成奇数不相等的羽状复叶。伞房花序顶生，后侧生，花白色或蓝紫色。果实圆球状，光滑，绿色或紫褐色。种子肾形，黄色。

（30）洋葱

别名葱头，百合科葱属，二年生草本。洋葱的胚根入土后不久便会萎缩，因而没有主根，其根为弦状须根，着生于短缩茎盘的基部，根系较弱，无根毛。茎在营养生长时期，短缩形成扁圆锥形的茎盘，茎盘下部为盘踵，茎盘上部环生圆圈筒形的叶鞘和枝芽，下面生长须根。成熟鳞茎的盘踵组织干缩硬化，能阻止水分进入鳞茎。管状叶直立生长，具有较小的叶面积，叶表面被有较厚的蜡粉，是一种抗旱的生态特征。伞形花序球状，具多而密集的花。

（31）葱

百合科葱属，多年生草本。鳞茎单生，圆柱状，稀为基部膨大的卵状圆柱形。鳞茎外皮白色，稀淡红褐色，膜质至薄革质，不破裂。叶圆筒状，中空。伞形花序球状，多花，较疏散，花莛圆柱状，中空，中部以下膨大，向顶端渐狭，子房倒卵状，腹缝线基部具不明显的蜜穴，花柱细长，伸出花被外。

（32）蒜

百合科葱属，多年生草本。鳞茎球状至扁球状，通常由多数肉质、瓣状的小鳞茎紧密地排列而成，外面被数层白色至带紫色的膜质鳞茎外皮。叶片宽条形至条状披针形，扁平，比花莛短，花莛实心，圆柱状，总苞早落。伞形花序密具珠芽，间有数花，小花梗纤细，小苞片大，卵形，膜质，具短尖，花常为淡红色。

（33）香菜

别名胡荽，伞形科芫荽属，一、二年生草本，有强烈气味。根纺锤形，细长，有多数纤细的支根。茎圆柱形，直立，多分枝，有条纹，通常光滑。根生叶有柄。叶片一回或二回羽状全裂，羽片广卵形或扇形半裂，边缘有钝锯齿、缺刻或深裂，上部的茎生叶三回至多回羽状分裂，末回裂片狭线形。伞形花序顶生或与叶对生，花白色或带淡紫色，花瓣倒卵形。果实圆球形，背面主棱及相邻的次棱明显。

4. 花卉

（1）菊花

别名秋菊、黄花，原产中国中部，我国各地广泛栽培，品种繁多。多年生草本；茎直立或匍匐，被柔毛。叶卵形至披针形，羽状浅裂或半裂，有短柄，叶下面被白色短柔毛。头状花序单生或数个集生于茎枝顶端，大小不一。总苞片多层，外层绿色，外面被柔毛。舌状花颜色各种。管状花黄色。花期12月至翌年3月。短日照植物，喜光照，但忌烈日，喜凉爽气候，忌雨涝，喜深厚肥沃且排水良好的沙壤土。

（2）月季花

别名月月红，原产我国湖北、湖南、四川、云南、江苏、广东等，现全国各地普遍栽培。直立或攀缘灌木；小枝粗壮，圆柱形，有短粗的钩状皮刺。小叶常3～5枚，小叶片宽卵形至卵状长圆形；小叶边缘有锐锯齿；叶面暗绿色，有光泽，叶背颜色较浅；托叶大部分贴生于叶柄，顶端分离部分呈耳状，边缘常有腺毛。花多朵集生，稀单生；品种众多，花瓣除蓝色外，其他颜色均有。果梨形至卵球形。环境适应性颇强，喜光，对土壤要求不严格，以富含有机质且排水良好的微酸性土壤为佳。

（3）南美蟛蜞菊

别名三裂叶蟛蜞菊、地锦花、穿地龙，原产南美洲，在中国西南及南方各城市均有引种栽培。多年生草本；茎匍匐，上部茎近直立，光滑无毛或微被柔毛。叶对生、具齿，椭圆形、长圆形或线形，呈三浅裂，叶面富光泽，两面被贴生的短粗毛，几近无柄。头状花序中等大小，花黄色，小花多数；假舌状花呈放射状排列于花序四周，筒状花紧密生于内部，单生的头状花序生于从叶腋处伸长的花序轴上。瘦果倒卵形或楔状长圆形，基部尖，顶端宽，截平，密被短柔毛，冠毛及冠毛环。生性强健，耐旱又耐湿，在潮湿至干旱的地方及瘠薄的土壤内都能正常生长，喜肥沃疏松排水良好的土壤，植株有一定的耐盐碱性。

（4）长春花

我国栽培于西南、中南及华东等；原产非洲东部，现栽培于热带和亚热带地区。多年生草本或亚灌木；茎近方形。叶膜质，倒卵状长圆形。聚伞花序有花2～3朵；花冠洋红色，高脚碟状。外果皮被柔毛。喜高温高湿环境，喜阳光，不耐寒，不耐涝，宜疏松的沙质或富含腐殖质的土壤。

（5）水仙

别名中国水仙、金盏银台、天葱、雅蒜，原产北非、中欧及地中海沿岸，现世界各地广为栽培。多年生草本；地下鳞茎肥大，卵状或近球形，外被棕褐色皮膜。叶基生，狭带状，排成互生二列状，绿色或灰绿色。花多朵（通常4～6朵），呈伞房花序着生于花茎端部，花序外具膜质总苞，又称佛焰苞。花茎直立，圆筒状或扁圆筒状，中空；花被片6枚，副冠杯状。花多为黄色或者白色，具浓香。蒴果。喜温暖、湿润环境，土壤宜排水良好。

（6）牡丹

别名富贵花、花中之王、木芍药、洛阳花、谷雨花，原产我国，现我国大部分地区有牡丹种植。落叶灌木。叶为二回羽状复叶，具长柄，顶生小叶宽卵形，端三至五裂，基部全缘，表面绿色，无毛，背面淡绿色，有时具白粉，沿叶脉疏生短柔毛或近无毛。花单生枝顶，花径10～30厘米，萼片5枚，绿色，宿存；野生种多为单瓣，栽培种有复瓣、重瓣及台阁花型；花色丰富；雄蕊多数；心皮5枚，有毛。蓇葖长圆形，密生黄褐色硬毛，种子黑褐色。花期4—5月。性喜温暖、凉爽、干燥、阳光充足的环境。喜阳光，也耐半阴，耐寒、耐干旱、耐弱碱，忌积水，怕热，怕烈日直射。

（7）朱顶红

别名朱顶兰、百枝莲、华胄兰，原产巴西、南美秘鲁，现世界各地广泛栽培。多年生草本；鳞茎近球形，叶二列状叠生，带状，略肉质，与花同时或者花后抽出。花茎中空，稍扁，具有白粉；花2～4朵；花大型，漏斗状，呈水平或者下垂开放，花色红色、粉色、白色，其中红色具有白色条纹等。蒴果球形，种子扁平。性喜温暖、湿润气候，不喜酷热，阳光不宜过于强烈，怕水涝。

(8) 旱金莲

别名金莲花、大红雀，原产墨西哥、智利等地，我国园林广泛栽培。多年生草本，常一年生栽培；茎叶稍肉质，半蔓生，无毛或被疏毛。叶互生，近圆形，具长柄，盾状着生。单花腋生，左右对称，花瓣5枚，具爪，花色有乳白色、黄色、紫色、橘红色或杂色；花托杯状；萼片5枚，长椭圆状披针形。果扁球形。花期6—10月。性喜温和气候，不耐严寒酷暑。冬、春、秋季需充足光照，夏季盆栽忌烈日暴晒。

(9) 锦绣杜鹃

别名三月杜鹃，我国华东、华中、华南均有栽培，未见野生种。半常绿灌木；枝开展，被淡棕色糙伏毛。叶薄革质，椭圆状长圆形至椭圆状披针形或长圆状倒披针形，全缘，叶面深绿色，叶背淡绿色。伞形花序顶生，有花1~5朵；花萼大，绿色，五深裂；花冠阔漏斗形，玫瑰紫色，具深红色斑点。蒴果，长圆状卵球形，被较坚硬的糙伏毛，花萼宿存。花期4—5月，果期9—10月。性喜凉爽、湿润、通风的半阴环境，土壤宜疏松、排水良好。

（10）龙船花

别名山丹，原产我国福建、广东、香港、广西，越南、菲律宾、马来西亚、印度尼西亚等热带地区也有。常绿灌木；小枝初时深褐色，有光泽，老时呈灰色。叶对生，叶形多变。花序顶生，多花，具短总花梗；花色多，有红色、黄色、橙红色等；花冠高脚碟状，顶部四裂。花期长，几乎全年。喜高温多湿气候，喜光，在全日照或半日照时开花繁多，在荫蔽处则发育不良；在富含腐殖质、疏松肥沃的沙壤土上生长最佳。

（11）石竹

别名中国石竹、洛阳花，原产我国北方，现南北普遍生长，分布广。多年生草本，全株无毛，带粉绿色；茎由根颈生出，疏丛生，直立，上部分枝。单叶对生，灰绿色，线状披针形基部抱茎。花芳香，单生枝端或数花集成聚伞花序；花梗长；苞片4～6枚，卵形，顶端长渐尖，长达花萼1/2以上；花萼圆筒形，有纵条纹，萼齿披针形；花瓣5枚，有白色、紫红色、粉红色、鲜红色等，顶缘不整齐齿裂。蒴果圆筒形，包于宿存萼内，种子黑色，扁圆形。花期5—9月。耐寒、耐干旱，不耐酷暑，喜阳光充足、干燥、通风及凉爽湿润气候。要求肥沃、疏松、排水良好及含石灰质的壤土或沙壤土，忌水涝，好肥。

（12）蟹爪兰

别名锦上添花、圣诞仙人掌，原产巴西，中国各地公园和花圃常见栽培。植株多分枝，常铺散下垂；茎无刺，多分枝，常悬垂，老茎木质化，稍圆柱形，幼茎及分枝均扁平；绿色，有时稍带紫色，顶端截形，两侧各有2~4粗锯齿，似螃蟹的爪子。花单生于茎节顶端，两侧对称；花萼一轮，基部短筒状，顶端分离；花冠数轮，下部长筒状，上部分离，越向内则筒越长；粉色、紫红色、深红色、淡紫色、橙黄色或白色；雄蕊多数，2轮，伸出，向上拱弯；花柱长于雄蕊，深红色，柱头七裂。浆果，梨形或广椭圆形，暗红色。喜温暖湿润的半阴环境，不耐寒。短日照植物。

（13）大花三色堇

别名蝴蝶花、鬼脸花、猫儿脸，原产欧洲，世界各国栽培广泛。全株光滑，分枝多。叶互生，基生叶卵圆形，有叶柄；茎生叶披针形，具钝圆状锯齿。花大，顶生或腋生，下垂，花瓣5枚，状似蝴蝶，花色绚丽，有黄色、白色、蓝色，花瓣中央还有一个深色的"眼"状斑纹。除一花三色外，还有纯黄色、纯蓝色、纯白色、褐色、红色。蒴果椭圆形，呈三瓣裂。花期通常为3—8月，中国南方可在1—2月开花。喜冷凉气候条件，较耐寒而不耐暑热。为二年生花卉中最为耐寒的品种之一。要求适度阳光照晒，略耐半阴。要求肥沃湿润的沙壤土，在瘠薄的土壤上生长发育不良。

(14)波斯菊

别名秋英,原产墨西哥,世界各地都有栽培。一年生草本;茎无毛或稍被柔毛。叶二回羽状深裂,叶缘有锯齿。头状花序单生,花序梗长;总苞片2层,外层披针形,近革质,内层椭圆状卵形,膜质;舌状花,呈紫红色、粉红色或白色,舌片椭圆状倒卵形,管状花呈黄色。瘦果有喙。花期7月至霜降。喜光不耐阴,喜温暖、干燥环境,忌炎热、积水,对夏季高温不适应,以疏松肥沃和排水良好土壤为宜。

四　种质资源种类

（15）百合

别名蒜脑薯、百合蒜，主要分布于北半球的温带和寒带地区，热带高海拔山区也有少量分布。多年生草本；鳞茎阔卵状球形或扁球形，鳞片披针形，无节，白色。多数种地上茎直立，少数为匍匐茎。叶多互生或轮生，通常自下向上渐小，倒披针形至倒卵形，全缘，两面无毛。花单生、簇生或呈总状花序。花大，有漏斗形、喇叭形、杯形等，有香气，花被片6枚，向外张开或先端外弯而不卷，由3枚花萼片和3枚花瓣组成，颜色相同。花色丰富。蒴果，矩圆形，有棱，具多数种子。花期初夏至初秋。不喜高温，怕水涝。较耐寒，喜凉爽的湿润气候。